LOW CARB TROTZ Familie

Stell dir vor, es gibt Low Carb
und keiner merkt's

INHALT

EINLEITUNG 4

Abnehmen als Mama ist gar nicht so leicht 4
Schlank mit dem „Low-Carb-trotz-Familie"-Konzept 6
Low Carb – so funktioniert's 8
Die Sache mit dem Heißhunger 10
Meal Prep – superpraktisch! 12
Gut gerüstet – Diese 10 Lebensmittel solltest du immer da haben! 14
Motivation ist die halbe Miete 16

RAFFINIERTE FRÜHSTÜCKSREZEPTE 18

SATTMACHER-GERICHTE FÜR DIE HAUPTMAHLZEIT 40

KLEINE GERICHTE, SNACKS & GETRÄNKE 96

BEISPIEL-ESSENSPLAN FÜR 14 TAGE 140

REZEPTVERZEICHNIS 142

HINWEISE ZUM BUCH 144

ABNEHMEN ALS MAMA ... ... IST GAR NICHT SO LEICHT

Ich bin jetzt Mitte 30, habe zwei Kinder und irgendwie haben sich irgendwann meine Prioritäten verschoben. Während ich mich früher regelmäßig beim Sport ausgepowert habe, ist momentan körperliche Ertüchtigung das Erste, was ich streiche, wenn es hier zu Hause mal wieder rund geht. Und irgendwas ist ja immer: Kind krank, Teddy spurlos verschwunden ohne den Kind nicht einschlafen kann, Waschmaschine kaputt, die nächste Deadline für das neue Buch steht unmittelbar bevor, die Steuer muss gemacht werden, die Wohnung sieht aus wie Sau, Elternabend, Fußballtraining, Musikschule, Omas Geburtstag, Kindersachenflohmarkt ... du kennst das bestimmt. Kein Wunder, dass diese Zeit auch „Rushhour des Lebens" genannt wird. Genauso fühlt es sich an. Und obwohl ich ganz genau weiß, dass es mir gut tun würde Sport zu treiben, räume ich mir diese Zeit nicht ein, sondern stattdessen die Wohnung auf ...

Wenn ich am Kleiderschrank angekommen bin, erinnern mich geliebte Hosen und Kleider uncharmant daran, dass ich früher mal schmaler um die Hüfte herum war. Nach meinem ersten Kind gingen durch das Stillen die Kilos schnell wieder weg, aber nach dem zweiten Kind war das nicht mehr so leicht. Die Zeit wird immer knapper, die Aufgaben immer vielfältiger, für mich nehme ich mir kaum Zeit. Aber damit ist jetzt Schluss! Wenn ich es schon nicht zum Sport schaffe, ändere ich eben mein Essverhalten, um die lästigen Pfunde loszuwerden, so! Aber wie? Und welche Diät ist für mich und meine Bedürfnisse die passendste?

Meine Wahl fiel auf Low Carb – denn zum einen esse ich für mein Leben gerne und werde zum anderen sehr unleidlich, wenn ich Hunger habe. Mit Low Carb bleibt der Genuss nicht auf der Strecke, ich kann mich satt essen und mich so gut gelaunt in den Alltag stürzen.

So klappt´s auch mit Familie

Eins war mir dabei sofort klar: Zwei Mal zu kochen kommt nicht in die Tüte! Die ganze Sache muss familienkompatibel sein. Ich habe daher Rezepte entwickelt, die familientauglich sind oder die du ganz leicht für den Rest der Familie anpassen kannst. Alle müssen mitessen können und sollen dabei nicht aus Versehen auch Diät machen.

Der Rest der Familie bekommt ab und zu noch eine zusätzliche Portion Kohlenhydrate, die in den Rezepten bereits eingeplant ist. Das bedeutet weniger Stress, sowohl emotional als auch organisatorisch. Allein das hilft dir schon beim Abnehmen. Denn die Kiloreduktion flutscht vor allem dann, wenn du entspannt bist. Bist du hingegen gestresst, dann blockieren Stresshormone deine Diät und es wird dir schwerer fallen Gewicht zu verlieren. Und wenn du dich wohlfühlst in deiner Haut, kannst du auch gleich viel gelassener erziehen: Eine Win-Win-Situation für die ganze Familie.

Da ich Vegetarierin bin, gibt es einige vegetarische Gerichte. Der Rest meiner Familie isst aber auch gerne mal Fleisch und Fisch, deshalb gibt es in diesem Buch eine bunte Mischung an Gerichten. Wenn du auch Vegetarierin bist, kannst du die meisten Gerichte ganz einfach abwandeln und Zutaten ersetzen mit Tofu, Sojaschnetzeln oder auch Seitan. So mache ich es immer und das funktioniert sehr gut.

Wie hat's geschmeckt? ☆ ☆ ☆ ☆

Um eure Lieblings-Familiengerichte zu dokumentieren, findest du bei jedem Rezept eine Bewertungsskala, auf der ihr ankreuzen könnt, wie es euch geschmeckt hat.

Nicht nur ein Mama-Problem

Die Pfunde, die sich irgendwie in unser Leben schleichen und es sich dann an Hüfte, Bauch und Po bequem machen, sind übrigens kein spezielles Mama-Problem. Im Durchschnitt werden wir nämlich alle mit dem Alter immer ein bisschen dicker. Zu jedem Geburtstag gibt es also außer einer Kerze mehr auf dem Kuchen auch ein Pfund mehr auf der Waage. Das liegt daran, dass sich die Körperzusammensetzung ändert und die Muskeln zugunsten von Fett schwinden. Wer stark auf seine Ernährung achtet und regelmäßig Sport treibt, kann das ganz gut abfangen. Wer aber in erster Linie auf die Bedürfnisse seiner Familie achtet, dem kann das schnell mal entgleiten und plötzlich geht die Hose nicht mehr zu. Dafür ist auch die Vielzahl kleiner alltäglicher Gewohnheiten und Entscheidungen verantwortlich: Auto statt Fahrrad, Zucker im Kaffee, Knuspermüsli statt Haferflocken und seinen Teller (und den von den Kindern) immer leer essen. Es ist also an der Zeit, diese Gewohnheiten zu hinterfragen und an den kleinen Stellschrauben zu drehen.

SCHLANK MIT DEM „LOW-CARB-TROTZ-FAMILIE"-KONZEPT

Low Carb gibt es in verschieden strengen Varianten. Um die Diät möglichst alltagsfreundlich zu gestalten, habe ich mich für eine nicht ganz so strenge Variante entschieden. Denn ich kenne mich: Wenn der Verzicht zu groß ist, verliere ich auf Dauer die Motivation und der Abnehm-Elan löst sich ganz schnell in Wohlgefallen auf. Vielleicht kennst du das ja auch?

Für den Einstieg in die Low-Carb-Ernährung kannst du mit einer Kohlenhydratmenge von 100–120 g pro Tag starten, die du nach deinen eigenen Essensrhythmen auf deine Mahlzeiten verteilst. Wenn du dich damit wohlfühlst, versuche den Anteil auf unter 100 g zu senken. Überfordere dich aber nicht und gehe es, wenn du ein Low-Carb-Neuling bist, langsam an. Mir ist es wichtig, dass du nicht das Gefühl hast, dich strengen Regeln zu unterwerfen.

Der „Rundum-sorglos"-Essensplan

Wenn du es dir besonders einfach machen möchtest, hilft dir mein „Rundum-sorglos"-Essensplan. Dieser sieht folgende Mahlzeiten pro Tag vor:

- 1 Frühstück mit einem (Milch-)Kaffee
- 1 kleines Gericht
- ggf. 1–2 Snacks
- 1 Hauptgericht
- kohlenhydratarme Getränke wie Wasser, Espresso, ungesüßter Tee

Da die Rezepte in diesem Buch maximal 22 g KH pro Portion haben, bist du damit auf der sicheren Seite und musst dir keine weiteren Gedanken über die Kohlenhydratmenge machen. Es ist alles so berechnet, dass du damit abnehmen wirst.

Du kannst die Mahlzeiten nach Lust und Laune kombinieren und an deinen Familien-Alltag anpassen. Ihr esst alle mittags in Kindergarten, Schule und im Büro eine Hauptmahlzeit – dann such dir doch eine kleine Mahlzeit fürs Abendessen raus. Wenn ihr abends traditionell Abendbrot esst, mit Brot und Belag, kannst du dir die Toasties von S. 37 machen und belegen. Vielleicht möchtest du noch einen Salat dazu machen oder ein Spiegelei. Oder dir tut eine Suppe gut. Und wenn bei euch abends die Hauptmahlzeit auf den Tisch kommt, weil das eure gemeinsame Mahlzeit ist, die euch wichtig ist, bereite doch einfach die Hauptmahlzeit am Abend zu. Ich habe die Rezepte bewusst flexibel gehalten, damit du sie an deinen persönlichen Alltag anpassen kannst. Zur ersten Orientierung gibt es am Ende des Buches noch einen Wochenplan, an den musst du dich natürlich nicht halten. Er dient als Hilfe, wie man es machen könnte.

Snacks gegen den Hungerast

Es kann sein, dass du normalerweise jemand bist, dem drei Mahlzeiten am Tag genügen. Und plötzlich kriegst du vor- oder nachmittags noch mal Hunger. Dann greif ruhig zu einem kohlenhydratarmen Snack. Damit hältst du sicher bis zur nächsten Mahlzeit durch, Körper und Seele sind zufrieden.

Ich mache es auch manchmal so: Morgens trinke ich nur einen Cappuccino mit meiner Familie gemeinsam am Esstisch. Erst am späten Vormittag frühstücke ich tatsächlich. Damit spare ich mir einen Snack und bleibe bis zum Mittagessen satt. Das wiederum versuche ich auch etwas nach hinten zu verlegen. Damit komme ich ganz gut durch den Tag.

Geeignete Snacks findest du im Kapitel „Kleine Gerichte, Snacks & Getränke" (sie sind entsprechend gekennzeichnet). Du kannst aber auch einfach ein hartgekochtes Ei essen, einen Naturjoghurt mit einer Handvoll Beeren, 1 Stück Mozzarella, ein paar Streifen Hähnchenbrust, Tofuwürfel o.Ä.

Retter in der Not

Der Snack ist eine Hilfestellung, wenn dein Hunger bis zur nächsten Mahlzeit zu groß wird. Kannst du ihn weglassen, hat dein Körper mehr Zeit an deine Fettspeicher ranzukommen und diese wieder „zurückzubauen". Du nimmst also rascher und effektiver ab.

Iss dich satt

Ich habe bei den Rezepten nicht nur allein auf die Kohlenhydrate, sondern auch auf die Kalorien geachtet. Du hast das ja vielleicht schon mal gehört – der Kalorienverbrauch richtet sich nach dem Gewicht, dem Geschlecht, dem Alter, dem Beruf und sonstiger körperlicher Aktivität (Treppensteigen, Gartenarbeit, Radfahren ...). Für die Berechnung in diesem Buch dient eine Durchschnittsfrau – mittelgroß, mittelschwer, mittelalt, mit überwiegend sitzender Tätigkeit. Sie hat in der Regel einen Kalorienverbrauch von 1800–2000 kcal am Tag. Wenn du dich dafür interessierst, findest du im Internet diverse Websites mit Energie-Bedarfsrechnern, mit denen du ganz einfach deinen persönlichen Bedarf ausrechnen kannst.

Wenn du einen höheren Bedarf hast, weil du zum Beispiel zusätzlich Sport treibst oder einen aktiven Job hast, solltest du etwas mehr kochen und deine Portion erhöhen. Alternativ kannst du auch ein oder zwei Snacks mehr am Tag einplanen. Es ist mir nämlich sehr wichtig, dass du satt wirst. Sobald dein Körper das Gefühl hat, du gibst ihm nicht genug zu essen, startet er das Notfallprogramm und fängt an Energie in den Fettdepots zu speichern. Und auch du selbst wirst unzufrieden und hast nicht mehr so viel Lust, mit der Low-Carb-Ernährung weiterzumachen.

LOW CARB – SO FUNKTIONIERT'S

Der Begriff „Low Carb" kommt aus dem Englischen. Carb steht für *Carbohydrates* und bedeutet Kohlenhydrate. Low Carb heißt also nichts anderes als „wenig Kohlenhydrate". Vor allem die kurzkettigen Kohlenhydrate aus Weißmehl und Zucker sollen eingespart und ersetzt werden, denn diese verursachen Blutzuckerschwankungen und damit einhergehenden Heißhunger. Low-Carb-Mahlzeiten enthalten reichlich Eiweiß, welches gut und langanhaltend sättigt. Außerdem werden durch das Meiden von Brot, Brötchen, Gebäck und Süßem viele Kalorien eingespart, was sich wiederum auf der Waage bemerkbar macht.

Doch es gibt noch einen weiteren Grund, warum Low Carb so gut funktioniert: Insulin! Insulin ist ein körpereigenes Hormon, das ausgeschüttet wird, wenn Zuckermoleküle ins Blut gelangen. Sobald sich Insulin im Blut befindet, wird kein Fett mehr abgebaut, da die bevorzugte Energieform des Körpers Zucker ist. Ist der Zucker aus dem Blut verschwunden, greift der Körper auf die Zuckerdepots in Form von Glykogen in Muskeln und der Leber zurück. Und erst, wenn auch die Vorräte erschöpft sind, greift der Körper die Fettdepots an. Denn es ist für den Körper sehr mühsam Fett so umzubauen, dass er dieses als Energie für sich nutzen kann. Deshalb gilt: Solange Insulin im Blut verfügbar ist, kann Mensch machen was er will, die Fettreserven sind blockiert.

Positive Low-Carb-Effekte

- Verhindert eine ständige Insulinausschüttung und ermöglicht dadurch erst den Fettabbau.
- Macht durch den hohen Proteinanteil länger satt.
- Spart Kalorien, da Zwischenmahlzeiten aus Süßem oder Mehligem wegfallen.
- Ist die Ernährungsform, auf die unser Körper seit der Steinzeit programmiert ist.

Was ist erlaubt – was nicht?

Es gibt zwei einfache Faustregeln, wenn es darum geht: Was darf ich essen?

- ✗ Vermieden werden sollten zu viele Kohlenhydrate aus: Zucker, Stärke, Getreide und Teigwaren
- ✓ Zugegriffen werden darf bei: Fleisch, Fisch, naturbelassenen Milchprodukten, naturbelassenen Sojaprodukten, Seitan, Eiern, Nüssen und Samen, Ölen, den meisten Gemüsen und Beeren

Zucker – aber der richtige

Zucker ist der Treibstoff für unseren Körper. Allein das Gehirn benötigt 100 g Glukose (Traubenzucker) am Tag. Damit ist allerdings nicht die weiße Streusüße gemeint, sondern vollwertige Kohlenhydrate. Auch in der Low-Carb-Ernährung bekommt dein Körper Zucker und das Gehirn wird versorgt. Allerdings baut dein Organismus den Zucker erst nach und nach aus Gemüse, Beeren, Nüssen und Co. ab. Dadurch bleibt der Blutzuckerspiegel stabil und Heißhunger aus. Weil das alles so langsam geht und sie neben Zucker jede Menge Nähr- und Ballaststoffe mitbringen, die Körper und Stoffwechsel gesund halten, nennt man diese Kohlenhydrate auch komplexe Kohlenhydrate.

Im Gegenzug dazu spielen einfache Kohlenhydrate in der Low-Carb-Ernährung eine geringe Rolle. Sie haben einen hohen Zuckergehalt und bringen außer süßem Geschmack sonst nicht viel mit. Sie heißen „einfach", weil es für deinen Körper einfach ist, an die Energie zu kommen. Diese steht sehr schnell zur Verfügung. Allerdings ist sie auch genauso schnell wieder verpufft. Du wirst hungrig und müde und benötigst Nachschub. Wenn du Ausdauersport betreibst, ist diese schnelle Energie sehr sinnvoll, um noch mal Reserven zu mobilisieren und das letzte Stück Weg zu schaffen. Für deinen Alltag ist es besser, wenn du auf schnelle Energie weitestgehend verzichtest. Sie führt dazu, dass dein Blutzuckerspiegel Kapriolen schlägt und du ständig übers Essen nachdenkst.

Wenn du langfristig einfache Kohlenhydrate weitestgehend vom Speiseplan streichst, wird sich dein Stoffwechsel umstellen, du hast weniger Heißhunger und bist mit weniger Süßem zufrieden. Das führt langfristig dazu, dass du weniger isst und dein Gewicht einfach halten kannst.

DIE SACHE MIT DEM HEISSHUNGER

Heißhunger ist eine Mischung aus Lust auf Essen (meist etwas ganz Bestimmtes) und richtig dollem Hunger. Bei Heißhunger ist das gute Benehmen ganz schnell dahin, die Tüte wird aufgerissen, der Finger steckt im Glas, der Käse wird in dicken Streifen vom Laib geschnitten und wandert brotlos in den Mund. Das alles natürlich ohne Teller im Stehen und voller Gier und Hast. Hinterher fühle ich mich furchtbar, denn ja – mir passiert das auch. Das passiert vielen Menschen. Heißhunger ist oft ein Ausdruck von Mangel. Das kann auch ein Mangel an Bewegung, Mangel an Entspannung, Schlafmangel oder Mangel an Licht sein. Oft ist es ein Mangel an Zucker im Blut. Wenn der Blutzuckerspiegel in den Keller rauscht, hüpft der Heißhunger aus seinem Versteck und ruft „mehr, mehr, mehr".

Low Carb – der Feind des Heißhungers

Mit Low Carb hast du gute Chancen, diese Art von Mangel im Griff zu haben, da der Blutzuckerspiegel stabil gehalten wird und ein rascher Abfall eigentlich nicht vorkommen sollte. Trotzdem kann dich der Heißhunger mal aufsuchen. Weil du eine schlechte Nacht hattest, weil deine Geduld strapaziert ist, du Stress hast oder weil du einfach keine Zeit hast, dich mal um dich selbst zu kümmern. Ich habe besonders abends immer diesen Süß-Hieper, das Bedürfnis, mich mit Essen belohnen zu müssen, weil ich noch arbeiten muss oder einfach, um den gemütlichen Abend rund zu machen.

Was hilft?

Heißhunger in den Griff zu kriegen, ist eine ganz schöne Herausforderung, weil sich das Gefühl, dringend etwas Bestimmtes essen zu müssen, wie ein Feuer im ganzen Körper ausbreitet. Du kannst an nichts anderes mehr denken und eine starke innere Kraft schiebt dich an den Kühlschrank oder gar in den Supermarkt.

Oft sagt uns der Körper ganz genau, was wir bei Heißhunger essen sollen: Schokolade, Gummibärchen, Butterbrezel, Sahnetorte, Marmeladencroissant ... Eine Möglichkeit ist, ein kleines Stück vom Glück bewusst zu genießen und in dich reinzuhören, ob der Heißhunger nun Ruhe gibt. Ein Stück Schokolade, 5 Gummibärchen, ein kleines Stück Brezel – fühlst du dich besser, befriedigt und ruhst in dir? Oder ist da immer noch diese nervöse Gier, die nach mehr schreit? Warte eine Weile, mindestens 15 Minuten. Wenn der Heißhunger dann immer noch nicht weg ist, brauchst du eine andere Strategie. Auf der nächsten Seite stelle ich dir einige vor. Und wenn auch diese Strategien mal versagen sollten: Mach dir nichts draus – das ist nur allzu menschlich!

Anti-Heißhunger-Strategien

Gesundes Snacken

Rohkost futtern, Quark löffeln, Gemüsesuppe schlürfen, Pfefferminztee trinken, Low-Carb-Snack knabbern … und mindestens 10 Minuten bewusst damit zubringen, also nicht vor dem PC, am Handy, vor der Glotze etc.

Deal mit sich selbst

Eine halbe Stunde Workout für eine Rippe Schokolade – aber erst hinterher! (Vielleicht hast du danach auch gar keine Lust mehr auf Schokolade, Bewegung vertreibt nämlich Heißhunger.)

Geschmacksverderber

Hartgesottene greifen zum Chililutscher, anderen reichen Minzbonbons, Mundspülung oder einfach nur Zähneputzen. Der scharfe Geschmack im Mund vertreibt die Lust etwas zu essen.

Eiweiß essen

Wer seine tägliche Eiweiß-Portion auf 30 % erhöht, bleibt länger satt, fördert einen gesunden Zucker- und Fettstoffwechsel und minimiert damit Heißhunger-Attacken.

Saures statt Süßes

Essig wirkt wie ein Appetitzügler und vertreibt die Lust auf Süßes. Entweder einen Löffel pur auf den Heißhunger geben oder im Verhältnis 1:4 mit Leitungswasser aufgießen und trinken. Wem Essig zu heftig ist, probiert es mit Zitronensaft.

MEAL PREP – SUPERPRAKTISCH!

Meal Prep ist momentan in aller Munde, aber was bedeutet das eigentlich? Letztendlich heißt das nichts anderes als Vorkochen bzw. Vorbereiten. Du überlegst dir, was du in der nächsten Zeit essen möchtest und machst einen Plan, was du dafür vorbereiten kannst und welche Schritte du ggf. zusammenlegen kannst. Planst du beispielsweise für deine Familie Nudeln mit Sauce und Nudelsalat für die gleiche Woche ein, macht es Sinn, gleich eine große Portion Nudeln zu kochen und im Kühlschrank aufzubewahren. Damit sparst du dir Zeit und doppelte Arbeit. Du bereitest also in Phasen, in denen du mehr Zeit hast (z. B. abends, wenn die Kinder im Bett sind), Komponenten der Mahlzeiten vor, stellst sie in den Kühlschrank und kannst dein Gericht dann letztendlich viel schneller kochen. Das entspannt Familienmahlzeiten ungemein und deswegen bin ich ein großer Fan davon.

Während einer Diät macht Meal Prep doppelt Sinn. So kannst du dir nämlich Low-Carb-Snacks und -Knabbereien vorbereiten, und wenn der kleine oder der Heißhunger kommt, bist du bereits bestens vorbereitet. So kannst du lässig den Griff am Glas mit dem Schokoladenaufstrich vorbeilenken und ziehst stattdessen ein vorbereitetes Glas mit Nussquark, ein hartgekochtes Ei, Salat oder Hähnchenstreifen hervor.

Aber auch für die Hauptgerichte bietet es sich an, vor allem zeitaufwendige Komponenten vorzubereiten und im Kühlschrank zu lagern. Blumenkohlreis oder Gemüsenudeln kannst du in größerer Menge vorbereiten und den Reis in einem feinen Sieb und die spiralisierten Nudeln in einer Glasbox mit Deckel im Kühlschrank mehrere Tage aufbewahren. Lasagne, Brokkoli-Auflauf und Kohlrabi-Kartoffelgratin kannst du am Vorabend vollständig vorbereiten und in den Kühlschrank stellen, dann musst du sie nur noch in den Ofen schieben. Die Tomatencremesuppe kannst du ebenfalls vorkochen und bis zu 3 Tage im Kühlschrank lagern. Zum Servieren einfach aufwärmen und die Tortelloni darin ziehen lassen.

Schau dir einfach mal mit „Meal-Prep-Augen" den Rezeptteil an. Sicherlich findest du noch das ein oder andere, was du vorbreiten kannst und was dir deine Zeit erleichtert. Vielleicht hackst du schon mal eine große Portion Zwiebeln und Knoblauch und bewahrst diese in einem abgeschlossenen Gefäß im Kühlschrank auf. Schon wieder hast du Zeit gespart.

GUT GERÜSTET – DIESE 10 LEBENSMITTEL SOLLTEST DU IMMER DA HABEN!

Es gibt ein paar Lebensmittel, die wahre Multitalente in der Low-Carb-Küche sind. Wenn du diese zu Hause hast, ist das Risiko geringer, dass du einfach über irgendetwas Essbares herfällst, weil du plötzlich Riesenhunger hast. Außerdem sind sie superpraktisch, da du sie für viele Low-Carb-Gerichte verwenden kannst.

1 Gemüse-Rohkost

Wenn der Heißhunger anrückt oder ich zwischendurch Appetit habe, greife ich gerne zu Gemüse. Möhren, Cocktailtomaten, Gurken, Kohlrabi und Paprika sind meine Favoriten. Ich schneide mir das Gemüse vor und lege es in den Kühlschrank – denn wenn der Heißhunger kommt, muss es schnell gehen. Noch besser kriege ich den in den Griff, wenn ich dazu einen proteinreichen Dip snacke, zum Beispiel Quark mit ein bisschen Pesto oder Ajvar oder auch ein Dip auf Feta-Basis.

2 Nüsse & Co.

Macadamia, Paranüsse, Kürbiskerne, Mandeln & Co. enthalten wenig Kohlenhydrate, dafür viel Protein, aber auch Fett. Nüsse sind meine Wunderwaffe. Sie peppen Salat auf oder wandern in Brotdosen, Pesto oder einfach von der Hand in den Mund – aber in Maßen.

3 Eier

Eier sind kleine Kraftpakete, sie enthalten ein Maximum an Nährstoffen, ein Minimum an Kohlenhydraten und reichlich Protein, sie machen satt und du kannst sie auf Vorrat kochen. Hartgekochte Eier schmecken solo, auf dem Brot oder mit Joghurt und Mayonnaise als Eiersalat. Auch Rührei, Omelette & Co. sind ideale Snacks.

4 Quark

Quark ist eine gute Eiweißquelle und macht lange satt. Magerquark hat etwas mehr Kohlenhydrate als die Halbfett- und die Vollfettstufe, dafür aber weniger Kalorien. Quark mit Nussmus oder Beeren ist ein toller Snack oder Nachtisch, du kannst ihn als Brotbelag nutzen, als Dip oder gemixt als Shake.

5 Käse

Hartkäse wie Emmentaler, Parmesan & Co. am Stück ist sehr praktisch und hält sich lange frisch. Du kannst ihn pur snacken, über Aufläufe, Salate oder Suppen streuen. Auch Mozzarella und Feta sind ideale Low-Carb-Kandidaten.

Auch praktisch: Zwiebeln, Knoblauch, Gemüsebouillonpulver, Kokosmilch, Tofu, Oliven- und Rapsöl

6 Beeren, frisch oder TK

Beeren enthalten von Natur aus wenig Fruchtzucker und wenig Kohlenhydrate. Das macht sie zu einem tollen Komplizen für deine Diät. Sie bringen eine leichte Süße mit, jagen den Blutzuckerspiegel aber nicht so sehr in die Höhe. Du kannst sie pur vernaschen oder Quark und Joghurt damit veredeln. Wenn du dir schon einen kleinen Fruchtquark im Glas in den Kühlschrank stellst, kannst du damit auch deinen Heißhunger in Schach halten. Noch ein paar Nüsse drübergestreut und du bist erst mal eine Weile satt.

7 TK-Gemüse

Tiefkühlgemüse lässt sich bis zu einem Jahr lagern. Es erleichtert die schnelle Küche enorm, da die Wascherei und Schnippelei wegfällt. Achte darauf, dass du ungewürztes Gemüse kaufst, dann bist du flexibler und vermeidest zudem, dass du eine Packung mit einer zuckerreichen Sauce oder Gewürzmischung erwischst.

8 TK-Fisch, natur

Fischliebhaber sollten Fisch in der Natur-Variante im Tiefkühler haben. Denn damit zauberst du in Windeseile eine leckere Low-Carb-Mahlzeit. Ob selbstgemachte Fischstäbchen, gedämpfter Fisch aus dem Ofen in einem Backpapierpäckchen oder kross gebratenes Filet mit Pfannengemüse – du bist flexibel und das Essen ist ruck, zuck fertig.

9 Tomaten aus der Dose

Ob als Püree oder in Stücken, Tomaten aus der Konserve sind ein Tausendsassa. Sie machen sich gut als Pizza- oder Nudelsauce, wandern in die Minestrone oder werden ohne viel Tamtam zu einer cremigen Tomatensuppe. Auch Tomatenmark ist sehr nützlich.

10 Saucen

Wenn es schnell würzig werden soll, gibt es tolle kleine Helfer für den Vorrat: Sojasauce, Senf, Ajvar und Pesto. Sojasauce bringt einen würzig-herzhaften Geschmack in die Gerichte. Senf kannst du prima für Salatdressings oder auch für Sandwiches und Wraps benutzen. Auch Ajvar und Pesto kannst du vielseitig einsetzen: Für Aufläufe, in den Quark oder Jogurt gerührt als Dip, zu Ofengemüse oder um Blumenkohlreis damit zu variieren.

MOTIVATION IST DIE HALBE MIETE

Es regnet draußen und ich bin müde. Ich würde jetzt, nach diesem anstrengenden Tag, so gerne eine heiße Schokolade trinken. Oder zumindest einen Chai-Tee mit viel Milch und dazu ein paar Kekse ... Aber ich möchte doch auch endlich diese lästigen Pfunde wegkriegen und wieder in meine Lieblingshosen passen. Beides klappt jedenfalls nicht. Entweder ich verzichte auf meine alte Figur, die ich vor der Geburt meiner Kinder hatte, oder ich verzichte auf Kohlenhydrate. Ist ja nicht für immer.

Es ist leicht, es sich bequem einzurichten. Wie oft sage ich mir: Du hast zwei Kinder, das ist schon ok, dass du jetzt nicht mehr so einen straffen, schlanken Körper hast. Die Kinder sind es wert. Und dann sehe ich in meinem Instagram-Account die Bilder von den Müttern, die es hinbekommen haben und trotz Kindern eine Top-Figur haben. Ja, ja ich weiß, Instagram ist nicht das wahre Leben, aber auch im Kindergarten gibt es Mütter, die ich bewundere für ihre tolle Silhouette.

Dranbleiben ist nicht immer leicht

Einfach dranbleiben ist leider nicht immer so einfach. Der Alltag von Müttern, noch dazu wenn sie berufstätig sind, ist so vollgepackt. Immer wenn es stressig wird, lasse ich den Sport weg und der Griff zu den Gummibärchen, wenn es abends mal wieder spät wird, wirkt beängstigend routiniert. Wenn die Kinder Lust auf Nudeln habe, ist meine Lust den Spiralschneider hervorzukramen, um Zucchininudeln zu spiralisieren, nicht immer gleich hoch. Wie einfach wäre es jetzt, die Packung Weizen-Penne aufzureißen und eine große Portion für alle zu kochen. Einmal ist doch keinmal, oder?

Jedenfalls ist es mir schleierhaft, wie andere die Jonglage von Leben mit Kindern, Erfolg im Job, Freunde treffen, Partnerschaft leben, ordentlichem Haushalt führen und regelmäßigem Fitnesstraining hinkriegen. Ich bin schon froh, wenn zwei von sechs Baustellen gut laufen. Und jetzt mache ich freiwillig noch eine siebte auf: Diät. Kein Wunder, dass mir und wahrscheinlich auch dir das alles manchmal über den Kopf wächst und Sport und gesunde Ernährung auf der Strecke bleiben.

Es hilft, sich Strategien zurechtzulegen, auf die man zurückgreifen kann, wenn die Motivation sich gerade verabschiedet. Dabei ist je nach Situation ggf. etwas anderes hilfreich. Vielleicht merkst du auch, dass du mit dem einen besser und mit dem anderen schlechter zurechtkommst. Was unabdingbar ist: Dein Ziel, Gewicht zu verlieren, sollte oberste Priorität haben. Vielleicht kommt es auch erst an zweiter Stelle, nach dem Wohlergehen deiner Kinder, aber es sollte auf jeden Fall vor einer aufgeräumten Wohnung stehen, sonst ist es verdammt schwierig bei der Stange zu bleiben.

Es kann auch sein, dass du kurzfristig das Ziel nach oben setzt, es dann aber wieder runterrutscht. Das ist an sich ein normaler Prozess, weil wir oft unbewusst den leichten, bequemen und bekannten Weg wählen. Der innere Schweinehund trägt dabei einen großen Anteil. Der ist kein Fan von Neuerungen. Deswegen bedarf es auf jeden Fall Durchhaltevermögen.

Ausdauer gefragt

Ein Diätziel zu erreichen, ist wie einen Marathon zu laufen: Am Anfang bist du motiviert und freust dich, dann wird es anstrengend und dann fängt dir dein Schweinehund an ins Ohr zu flüstern: „Was machst du hier eigentlich? Du könntest dich doch gemütlich aufs Sofa legen. Deine Beine tun weh, das ist nicht gut für dich. Hör lieber auf. Du schaffst das sowieso nicht ...!" Und an dieser Stelle ist es entscheidend dabei zu bleiben. Beim Marathon geht das noch ganz gut, weil du eh schon in Sportklamotten auf der Strecke bist und im Strom mit den anderen mitgetragen wirst. Sowohl die anderen Läufer als auch die Zuschauer am Rand motivieren und unterstützen dich. Vielleicht gehst du zwischendurch, vielleicht machst du ein bisschen langsamer, aber schließlich kommst du an. Du wirst überwältigt von einem Gefühl aus Glück und Stolz und weißt sofort, dass sich die ganzen Entbehrungen gelohnt haben.

Mit deiner Diät ist es so, dass du mittendrin Ähnliches erleben wirst. Es wird anstrengend, mühsam, die Anfangseuphorie schwindet, aber es steht niemand am Rand, der dich anfeuert und um dich herum sind keine Mitstreiter, an die du dich anhängen und dich „mitziehen" lassen kannst. Bereite dich auf diese schwierige Phase vor, dann erwischt sie dich nicht eiskalt und du kannst deinem Schweinehund etwas entgegenhalten und deine Motivation immer wieder neu aufladen.

Das hört sich alles nach viel Arbeit an. Viel mehr Arbeit ist es jedoch, immer wieder von vorne anzufangen, weil die Motivation still und heimlich auf der Strecke geblieben ist. Wenn du mal einen Tag nicht dabei bleibst, weil du müde bist oder einfach keine Lust hast, mach eine Pause und koch allen Nudeln, das ist ok. Aber mach dann am besten gleich morgen mit Low Carb weiter.

Ich wünsche dir viel Spaß beim Kochen, Ausprobieren und natürlich beim Abnehmen. Und das meine ich ganz ernst. Denn nur, wenn es dir Spaß macht, wirst du langfristig erfolgreich sein!

RAFFINIERTE FRÜHSTÜCKSREZEPTE

So startest du kohlenhydratarm in den Tag

Vielleicht geht es dir jetzt auch noch so: Frühstück ohne Brot und Brötchen war für mich nur schwer vorstellbar. Ich habe aber schnell gemerkt, dass es wunderbare Alternativen gibt und heute mag ich die leckeren Eier-Gerichte, Frühstücksmuffins & Co. nicht mehr missen. Da zum Frühstück meist jedes Familienmitglied andere Wünsche hat, sind die Frühstücksrezepte nur für 1 Portion berechnet. Von einigen Rezepten mach ich aber oft gleich die doppelte Menge, da der Rest der Familie sie genauso gerne isst.

Wie hat's geschmeckt? ☆ ☆ ☆ ☆

GRIECHISCHES OMELETTE
mit Feta und Oliven

Fertig in ca. 30 Minuten

Pro Portion ca. 446 kcal, 26 g E, 35 g F, 7 g KH

Für 1 Portion

½ rote Zwiebel (75 g)
40 g schwarze Oliven (entsteint)
50 g Cocktailtomaten
50 g Feta
2 Eier (M)
25 ml Milch
1 Tl Olivenöl

1. Die Zwiebel schälen und in feine Ringe schneiden. Die Oliven in Ringe schneiden. Die Cocktailtomaten waschen, trocknen und halbieren. Den Feta aus der Packung nehmen, abtropfen lassen und grob zerbröseln.

2. Die Eier in einen Rührbecher aufschlagen, die Milch dazugeben und alles kräftig verquirlen. Das Olivenöl in einer beschichteten Pfanne auf mittlerer Stufe erhitzen und die Zwiebelringe darin 1 Minute anbraten. Die Eier-Mischung darüber verteilen und die Hitze auf kleinste Stufe reduzieren.

3. Oliven, Cocktailtomaten und Feta darüberstreuen, die Pfanne mit einem Deckel verschließen und das Omelette 12–15 Minuten gar ziehen lassen, bis das Ei vollständig gestockt ist.

» Eigentlich isst mein Sohn zum Frühstück am liebsten Croissant mit Himbeermarmelade. Aber hier kann ich gar nicht so schnell gucken, wie das Omelette in seinem Mund verschwindet … «

Wie hat's geschmeckt? ☆ ☆ ☆ ☆

CHIA-QUARK
mit Kokos und Erdbeeren

Fertig zubereitet in ca. 10 Minuten (+ Quellen über Nacht)
Pro Portion ca. 325 kcal, 12 g E, 27 g F, 12 g KH

Für 1 Portion
1 El Chia-Samen (12 g)
15 g geröstete und gesalzene Macadamianüsse
50 ml Kokosmilch
50 g Magerquark
125 g Erdbeeren
Kokosraspel zum Bestreuen

Die „Königin der Nüsse" hat viel Kalzium, wenig Kohlenhydrate und viele sättigende Ballaststoffe.

1. Chia-Samen in ein Schraubglas geben. Macadamianüsse fein hacken und mit 50 ml Wasser und Kokosmilch zu den Chia-Samen geben. Alles gründlich vermengen und über Nacht im Kühlschrank quellen lassen.

2. Am nächsten Morgen den Magerquark dazugeben und mit der Chia-Masse vermengen. Die Erdbeeren waschen und putzen, dann in einem hohen Rührbecher mit dem Mixstab fein pürieren. Die Erdbeersauce über den Chia-Quark geben und den Quark mit Kokosraspeln bestreut genießen.

Kleine Samen, große Wirkung
Schon die Maya und Azteken nutzten Chia-Samen als Nahrungs- und Heilmittel. Die kleinen Power-Samen sind reich an Omega-3-Fettsäuren und Magnesium. Außerdem punkten sie mit vielen Ballaststoffen – diese machen lange satt, ideal zum Abnehmen! Man sollte aber laut der Europäischen Behörde für Lebensmittelsicherheit (EFSA) pur nicht mehr als 15 g Chia-Samen pro Tag verzehren und danach ordentlich Wasser trinken. Bei Kleinkindern sollte man ganz darauf verzichten.

» „Mama, kann ich wieder deine Muffins mit in den Kindergarten nehmen? Aber ohne Spinat." „Das ist Mangold!" „Macht nichts, dann halt ohne Gold!" «

Wie hat's geschmeckt? ☆ ☆ ☆ ☆

Herzhafte FRÜHSTÜCKSMUFFINS

Fertig in ca. 40 Minuten

Pro Portion (3 Stück) ca. 344 kcal, 23 g E, 26 g F, 5 g KH

Für 6 Stück

3 Blatt Mangold (ca. 50 g)
125 g Hokkaido-Kürbis
3 Scheiben Räucherschinken (ca. 30 g)
40 g Parmesan
3 Eier (M)
50 ml Sahne
1 Tl getrockneter Thymian
3 Prisen Pfeffer
⅓ Tl Salz

Kürbisse liefern wertvolle Ballaststoffe, die die Verdauung positiv beeinflussen und lange satt machen. Der Hokkaido ist dabei auch noch praktisch: Man muss ihn nicht schälen!

1. Den Backofen auf 200 °C Ober-/Unterhitze vorheizen. Mangold waschen und den Stiel sowie die dicke Blattrippe herausschneiden. Den Hokkaido-Kürbis waschen, halbieren, entkernen und mit dem Sparschäler in breite Streifen hobeln.

2. Aus Backpapier 6 Stücke à 10 x 10 cm zurechtschneiden und 6 Mulden eines Muffinblechs damit auslegen. Die Hälfte der Muffinmulden mit Schinken auslegen, den Rest mit Mangold. Dann die Kürbisstreifen hineinschichten.

3. Den Parmesan fein reiben. Die Eier in einen Rührbecher aufschlagen, Parmesan, Sahne, Thymian und Pfeffer zugeben und alles mit einem Schneebesen kräftig verrühren.

4. Die Hälfte der Masse auf dem Schinken verteilen, die andere Hälfte mit dem Salz würzen und auf dem Mangold verteilen. Die Muffins im vorgeheizten Ofen 15–20 Minuten auf der mittleren Schiene backen, bis die Eier-Masse gestockt ist. Aus der Form heben, das Backpapier entfernen und warm oder kalt genießen.

Mach's dir leichter!

Die Muffins halten sich im Kühlschrank 3–4 Tage. Sie können auch problemlos eingefroren und im Ofen nochmals kurz aufgebacken werden. Wenn du sie öfter essen möchtest, mach einfach gleich die doppelte Menge.

Wie hat's geschmeckt? ☆ ☆ ☆ ☆

KRABBEN-RÜHREI
mit Dill

Fertig in ca. 20 Minuten
Pro Portion ca. 449 kcal, 33 g E, 34 g F, 4 g KH

Für 1 Portion
2 Eier (M)
50 ml Sahne
2–3 Stängel Dill
1 Tl Butter (5 g)
80 g gegarte Krabben (Kühltheke)
⅓ Tl Salz
Pfeffer

Krabben sind ein super Eiweißlieferant!

1. Die Eier in einen hohen Rührbecher aufschlagen und mit der Sahne verquirlen. Dill waschen, trocken schütteln, Spitzen abzupfen und fein hacken.

2. Butter in einer beschichteten Pfanne bei mittlerer Hitze zerlassen. Eiermasse dazugeben und ca. 20 Sekunden stocken lassen. Einen Holzlöffel vorsichtig von oben nach unten durch die Pfanne ziehen, so dass mehr von der flüssigen Eiermasse stockt.

3. Die Krabben zugeben und nochmals mit einem Holzlöffel von oben nach unten durch die Pfanne ziehen. Diesen Vorgang wiederholen, bis das Ei vollständig gestockt ist, aber noch glänzt und nicht bräunt. Das Rührei salzen, pfeffern und mit Dill bestreut genießen.

» Meine Tochter freut sich immer, wenn ich das Rührei mache. „Für mich aber ohne das Gras, Mama!" «

Wie hat's geschmeckt? ☆ ☆ ☆ ☆

SATTMACHER-FRÜHSTÜCK

very british

Fertig in ca. 15 Minuten

Pro Portion ca. 520 kcal, 28 g E, 40 g F, 13 g KH

Für 1 Portion

25 g Frühstücksbacon
1 Tl Butter
1 Ei (M)
100 g Baked Beans in Tomatensauce (FP)
1 Tl Rapsöl
3 Nürnberger Rostbratwürstchen

1. Den Backofen auf 200 °C Ober-/Unterhitze vorheizen. Die Baconstreifen nebeneinander auf ein mit Backpapier ausgelegtes Blech legen und im vorgeheizten Ofen 10–12 Minuten auf der mittleren Schiene kross backen.

2. Währenddessen die Butter in einer beschichteten Pfanne auf mittlerer Stufe erhitzen. Das Ei in die Pfanne aufschlagen, ohne dabei den Eidotter zu zerstören. Als Spiegelei ausbacken, bis das Eiweiß gestockt ist und das Eigelb die gewünschte Konsistenz hat. Das dauert 5–10 Minuten.

3. Inzwischen die Baked Beans in einen kleinen Topf geben und erwärmen. In einer beschichteten Pfanne das Öl erhitzen und die Rostbratwürstchen darin ringsherum 6–8 Minuten anbraten, bis sie gut gebräunt sind. Die Würstchen mit Baked Beans, Bacon und Spiegelei auf einem Teller anrichten und genießen.

Alternativ die Baked Beans zu den angebratenen Rostbratwürstchen in die Pfanne geben und darin erwärmen.

» „Juhu, es gibt Würstchen zum Frühstück." „Ja, aber die Bohnen werden auch gegessen." „Wenn ich keine Bohnen esse, darf ich dann trotzdem Würstchen, liebste Mama der Welt?" «

Noch erfrischender wird der Quark
mit gehackter Minze, auch Basilikum
passt super zu Pfirsich!

FRÜHSTÜCKS-COUSCOUS
mit Pfirsich

Fertig in ca. 10 Minuten

Pro Portion ca. 314 kcal, 12 g E, 18 g F, 22 g KH

Für 1 Portion

20 g Couscous
50 g kochendes Wasser
50 g Pfirsich
100 g Quark (40 % Fett)
1 Tl weißes Mandelmus (10 g)

1. Couscous in ein Schälchen geben, mit dem kochenden Wasser übergießen und 10 Minuten abgedeckt quellen lassen.

2. Inzwischen den Pfirsich waschen, entkernen und klein schneiden. Mit dem Quark und dem Mandelmus in einen hohen Rührbecher geben und mit dem Mixstab cremig pürieren.

3. Den Pfirsichquark über das Couscous geben und genießen.

Sattmacher-Frühstück

Couscous ist vorgegarter Grieß, meist aus Hartweizen. Er hat wie seine getreidigen Verwandten schon ein paar Kohlenhydrate im Gepäck. In Kombination mit eiweißreichem Quark macht dieses Frühstück aber langanhaltend satt – ideal für Tage, an denen keine Zeit fürs Mittagessen bleibt!

Wie hat's geschmeckt? ☆ ☆ ☆ ☆

TOFU-RÜHREI
mit Paprika

Fertig in ca. 25 Minuten

Pro Portion ca. 469 kcal, 36 g E, 29 g F, 16 g KH

Für 1 Portion

1 rote Paprikaschote (180 g)
1 Frühlingszwiebel
50 g Räuchertofu
100 g Naturtofu
1 El Rapsöl
½ Tl Salz
1 Tl Paprikapulver edelsüß
4 Prisen Pfeffer
150 g Seidentofu

1. Paprika waschen, vierteln, entkernen und fein würfeln. Frühlingszwiebel waschen, putzen, das Weiß fein hacken, das Grün in feine Ringe schneiden. Räuchertofu ½ cm groß würfeln. Den Naturtofu mit einer Gabel in einem tiefen Teller fein krümelig zerdrücken.

2. Eine beschichtete Pfanne heiß werden lassen. Öl hineingeben und Räuchertofu sowie das Weiß der Frühlingszwiebel darin bei mittlerer Hitze 10 Minuten ringsum knusprig anbraten. Dann für 5 Minuten die Paprika und den Naturtofu dazugeben.

3. Salz, Paprikapulver und Pfeffer untermengen und schließlich zügig den Seidentofu unterheben. Mit dem Frühlingszwiebelgrün bestreut genießen.

Wird Räuchertofu kross angebraten, schmeckt er schön würzig und erinnert an Speck. Im Vergleich zum tierischen Gegenspieler bringt Tofu viel Eiweiß und wenig Fett mit. Der Tausch lohnt sich, vor allem beim Abnehmen.

» Dieses Müsli esse ich auch gerne einfach mal zwischendurch. Es macht richtig schön satt und hält lange vor. «

Wie hat's geschmeckt? ☆ ☆ ☆ ☆

LOW-CARB-MÜSLI
mit Mango-Joghurt

Fertig in ca. 10 Minuten

Pro Portion ca. 385 kcal, 14 g E, 29 g F, 15 g KH

Für 1 Portion

15 g Mandeln
15 g Pekannüsse
15 g Leinsamen
50 g Mango (alternativ 80 g Aprikosen oder 100 g Beeren)
150 g Naturjoghurt

1. Die Mandeln und die Pekannüsse grob hacken. Mit den Leinsamen in eine Schüssel geben und vermengen.

2. Die Mango schälen, vom Stein lösen und in Stücke schneiden. Mangostücke und Joghurt in einen hohen Rührbecher geben und mit dem Mixstab glatt pürieren.

3. Den Mango-Joghurt über die Leinsamen-Nuss-Mischung geben und genießen.

Mach's dir leichter!

Das Müsli lässt sich super vorbereiten! Einerseits kannst du die Leinsamen-Masse in einem großen Glas aufbewahren und dir morgens einfach 45 g nehmen. Du kannst aber auch alles fertig zubereiten und im Kühlschrank aufbewahren. Die fertige Müsli-Joghurt-mischung hält sich so 3–4 Tage. Wenn du es gerne stückig magst, sparst du dir das pürieren (und den zusätzlichen Abwasch) einfach und gibst das Obst in Stücke geschnitten über den Joghurt.

Wie hat's geschmeckt? ☆ ☆ ☆ ☆

BEEREN-QUARK-SHAKE

mit Erdnussmus

Fertig in ca. 5 Minuten

Pro Portion ca. 320 kcal, 24 g E, 17 g F, 14 g KH

Für 1 Portion

50 g Himbeeren oder Erdbeeren (frisch oder TK)

150 g Quark (Halbfettstufe)

2 Tl Flohsamenschalen (5 g)

50 ml Orangensaft

1 El Erdnussmus (20 g, alternativ ein anderes Nussmus nach Wahl)

1. Die Beeren waschen, verlesen und putzen, dann zusammen mit dem Quark, 100 ml Wasser, den Flohsamen, dem Orangensaft und dem Erdnussmus in einen Standmixer geben.

2. Alles auf höchster Stufe zu einem cremigen Shake pürieren und sofort genießen.

Für einen Darm mit Charme

Flohsamen sind sehr ballaststoffreich und halten den Verdauungstrakt gesund und fit! Wenn du sie einnimmst, trink ordentlich Wasser dazu. Schau dir auch die Verzehrempfehlung auf der Flohsamen-Packung an. Bei bestimmten Vorerkrankungen ist die Einnahme nicht geeignet. Auch Kinder unter 6 Jahren sollten Flohsamen nicht verzehren.

» Mama, machst du mir noch mal deinen Shake ohne Flöhe? Am liebsten mit Himbeeren! «

SATTMACHER-GERICHTE FÜR DIE HAUPTMAHLZEIT

Stressfreie Rezepte für die ganze Familie

Die Hauptmahlzeit hat mir zu Beginn meiner Low-Carb-Diät am meisten Kopfzerbrechen bereitet: Wie schaffe ich es bloß, meine Diät und die Essbedürfnisse meiner Familie unter einen Hut zu bringen? Zwei verschiedene Gerichte zu kochen, kam nicht in die Tüte. Alle müssen mitessen können und dabei nicht aus Versehen auch auf Diät gesetzt werden. Ich habe daher Rezepte entwickelt, die entweder per se familientauglich sind oder die du ganz leicht für den Rest der Familie anpassen kannst – so ist kein Extra-Kochen nötig und alle sind satt und glücklich.

Wie hat's geschmeckt? ☆ ☆ ☆ ☆

SELLERIERÖSTI
mit Kräuter-Dip

Fertig in ca. 45 Minuten

Pro Portion ca. 583 kcal, 32 g E, 40 g F, 12 g KH

Für 4 Portionen

1 kg Knollensellerie

2 Frühlingszwiebeln

4 Eier (L)

50 g Flohsamen (ganz)

200 g geriebener Emmentaler

1 ¼ Tl Salz

⅓ Tl Pfeffer

4 El Rapsöl

300 g saure Sahne

4 El gemischte Kräuter (TK)

Wenn kleinere Kinder mitessen, lass die Flohsamen lieber weg (siehe Tipp S. 38).

1. Sellerie schälen und auf einer Küchenreibe grob raspeln. Frühlingszwiebeln waschen, putzen und in feine Ringe schneiden. Sellerie und Frühlingswiebeln mit den Eiern, den Flohsamen, dem Emmentaler, 1 Tl Salz und dem Pfeffer in einer Schüssel gründlich vermengen.

2. 2 Pfannen auf mittlerer Stufe erhitzen. Je 1 El Öl hineingeben, je ein Viertel der Masse auf dem Pfannenboden verteilen und 6 Minuten je Seite ausbacken. Mit dem restlichen Teig ebenso verfahren.

3. Inzwischen für den Dip saure Sahne mit den Kräutern und dem restlichen Salz vermengen. Die Rösti mit dem Kräuter-Dip servieren.

Gemüsig aufgepeppt

Eine extra Portion Vitamine gefällig? Dann beleg den Rösti vor dem Servieren einfach mit frischem Gemüse wie Babyspinat (1 g KH pro 100 g) oder halbierten Cocktailtomaten (3 g KH pro 100 g).

Wie hat's geschmeckt? ☆ ☆ ☆ ☆

HÄHNCHENSCHENKEL

mit Kroketten und Tomatensalat

Fertig in ca. 45 Minuten

Pro Low-Carb-Portion ca. 880 kcal, 58 g E, 68 g F, 10 g KH

Pro Familien-Portion ca. 618 kcal, 28 g E, 39 g F, 39 g KH

Für 4 Portionen

100 g Naturtofu
30 g gemahlene Haselnüsse
40 g geriebener Emmentaler
1 Ei
½ Tl Salz
3 Prisen Pfeffer
400 g Hähnchenschenkel
35 g rotes Pesto (FP)
300 g Tomaten
1 kleine rote Zwiebel (50 g)
½ Bund Basilikum (10 g)
1 El Olivenöl
450 g Kroketten (TK)
150 g saure Sahne

1. Den Backofen auf 200 °C Ober-/Unterhitze vorheizen. Für die Tofu-Kroketten den Naturtofu im Blitzhacker fein häckseln. Haselnüsse in einen tiefen, kleinen Teller oder ein Schüsselchen geben. Emmentaler, Ei, ¼ Tl Salz und Pfeffer zum Tofu in den Blitzhacker geben und zu einer homogenen Masse mixen. Aus dieser mit feuchten

Zugegeben, Kartoffel-Kroketten sind schon lecker – eine Portion (150 g) hat aber leider 23 g KH. Deine Tofu-Kroketten haben nur 6 g KH, sind auch sehr lecker und ein super Eiweißlieferant!

Händen 6 Kroketten formen. Jede Krokette in den gemahlenen Haselnüssen wenden und auf ein mit Backpapier ausgelegtes Blech setzen.

2. Die Hähnchenschenkel waschen, trocken tupfen und in einer Schüssel mit dem Pesto mischen. Zu den Tofu-Kroketten auf das Backblech legen und für 15 Minuten auf der mittleren Schiene backen.

3. In der Zwischenzeit die Tomaten waschen und in ½ cm große Würfel schneiden. Zwiebel schälen und fein würfeln. Basilikum waschen, trocken schütteln, die Blätter abzupfen und fein hacken. Tomaten- und Zwiebelwürfel mit Olivenöl und gehacktem Basilikum mischen und mit dem restlichen Salz abschmecken.

4. Nach 15 Minuten Backzeit Tofu-Kroketten und Hähnchenschenkel wenden. Die Kartoffel-Kroketten mit auf das Blech geben und alles in 15 Minuten fertig backen. Hähnchenschenkel mit Tomatensalat anrichten – für dich gibt es Tofu-Kroketten dazu, für den Rest der Familie Kartoffel-Kroketten. Jeweils mit einem Klecks saurer Sahne servieren.

Wie hat's geschmeckt? ☆ ☆ ☆ ☆

HÄHNCHEN-CURRY
mit Blumenkohlreis

Fertig in ca. 25 Minuten

Pro Portion ca. 425 kcal, 26 g E, 26 g F, 20 g KH

Für 4 Portionen

250 g Hähnchenbrustfilet

1 Dose Kichererbsen (240 g Abtropfgewicht)

400 g junge dünne Möhren

4 Frühlingszwiebeln

1 El Öl

3 Tl mildes Currypulver

Salz

Pfeffer

1 Dose ungesüßte Kokosmilch (400 g)

1 Kopf Blumenkohl (ca. 1 kg)

2–3 El Zitronensaft

1. Das Fleisch waschen, trocken tupfen und in ca. 2 cm große Würfel schneiden. Die Kichererbsen in ein Sieb abgießen, die Flüssigkeit dabei auffangen und je nach Menge 250 ml abmessen bzw. mit Wasser auf 250 ml auffüllen.

2. Die Möhren waschen, putzen, halbieren und in schmale Stücke schneiden. Die Frühlingszwiebeln waschen und putzen. Den weißen Teil in kleine Würfel, den grünen Teil schräg in schmale Röllchen schneiden.

3. Das Öl in einem Topf erhitzen. Das Fleisch und die Möhren darin unter Wenden ca. 5 Minuten anbraten. Das Frühlingszwiebelweiß zugeben und kurz mitbraten. Die Kichererbsen untermischen. Mit Currypulver bestäuben und mit ½ Tl Salz und etwas Pfeffer würzen. Die Kichererbsen-Flüssigkeit und die Kokosmilch zugießen, mit Salz würzen, aufkochen und bei mittlerer Hitze zugedeckt ca. 10 Minuten köcheln lassen.

4. Inzwischen für den „Reis" den Blumenkohl waschen, Röschen vom Stiel schneiden und portionsweise im Blitzhacker, in der Küchenmaschine oder auf der groben Seite einer Küchenreibe auf Pinienkerngröße zerkleinern. Den Blumenkohl mit ca. 50 ml Wasser und etwas Salz in einen weiten Topf oder eine Pfanne geben und zugedeckt ca. 3 Minuten dünsten. Ohne Deckel 1–2 Minuten weitergaren, bis alle Flüssigkeit verdampft ist.

5. Das Curry mit Salz, eventuell noch etwas Currypulver und Zitronensaft abschmecken. Mit dem Frühlingszwiebelgrün bestreuen und mit dem Blumenkohlreis servieren.

» Der Reis schmeckt aber heute komisch, Mama. Hast du dich verkocht? «

Deine Familie streikt beim Blumenkohlreis? Dann koch ihn nur für dich und beglücke deine Lieben mit Basmati-Reis oder Nudeln.

» „Du Mama, die Frikadellen schmecken irgendwie wie Fisch.“ „Sie sind ja auch aus Fisch.“ „Krass!“ «

Wie hat's geschmeckt? ☆ ☆ ☆ ☆

FISCHFRIKADELLEN
mit falschem Kartoffelsalat

Fertig in ca. 25 Minuten

Pro Portion ca. 525 kcal, 47 g E, 32 g F, 13 g KH

Für 4 Portionen

Für den Salat:

1 kg Kohlrabi
Salz
5 Stiele Petersilie
2 Tl Dijon-Senf
4 El Olivenöl
25 g Crème légère
100 g Joghurt
Pfeffer
2 El Zitronensaft

Für die Fischfrikadellen:

800 g Seelachsfilet
½ Bund Dill
1 unbehandelte Zitrone
80 g Mandelmehl
1 Ei (L)
2 Tl mittelscharfer Senf
3 Prisen Salz
4 Msp. Pfeffer
2 El Rapsöl

1. Für den Salat Kohlrabi schälen und in 1 cm große Würfel schneiden. Im kochenden Salzwasser ca. 8 Minuten bissfest garen.

2. Inzwischen für das Dressing die Petersilie waschen, trocken schütteln, die Blättchen abzupfen und mit Senf, Öl, Crème légère und Joghurt pürieren. Mit 3 Prisen Salz, 2 Msp. Pfeffer und Zitronensaft abschmecken. Kohlrabi abgießen, abtropfen lassen, etwas abkühlen lassen und unter das Dressing mischen. Etwas durchziehen lassen.

3. Für die Frikadellen den Fisch gut trocken tupfen und grob hacken. Den Dill waschen, trocken schütteln, Spitzen von den Stielen zupfen und fein hacken. Die Zitrone heiß waschen, trocken reiben und ca. 1 Tl der Schale fein abreiben. Den Fisch mit Dill, Zitronenschale, Mandelmehl, Ei, Senf, Salz und Pfeffer mit den Händen verkneten.

4. Die Masse zu 12 kleinen Frikadellen formen. Das Öl in einer großen beschichteten Pfanne erhitzen. Die Frikadellen vorsichtig (sie zerfallen leicht) hineinlegen, mit dem Pfannenwender etwas flach drücken und von jeder Seite 5–6 Minuten knusprig braten. Auf Küchenpapier abtropfen lassen. Mit dem falschen Kartoffelsalat servieren.

Im Gegensatz zu Weizenmehl ist Mandelmehl absolut Low-Carb-tauglich: Es enthält etwa 4 g Kohlenhydrate pro 100 g. Mandelmehl wird aus dem entölten Presskuchen süßer Mandeln hergestellt – nicht zu verwechseln mit gemahlenen Mandeln, bei denen die ganzen Mandeln gemahlen werden.

Wie hat's geschmeckt? ☆ ☆ ☆ ☆

Mediterraner PAPRIKA-TOMATEN-AUFLAUF

Fertig in ca. 45 Minuten

Pro Portion ca. 487 kcal, 27 g E, 35 g F, 13 g KH

Für 4 Portionen

2 Paprikaschoten (ca. 400 g)
5 Stängel Oregano
500 g Kirschtomaten
2 rote Zwiebeln
2 El Olivenöl
400 g Feta
4 Eier
50 ml Sahne
Salz
Pfeffer

1. Den Backofen auf 200 °C Ober-/Unterhitze vorheizen. Paprika waschen, putzen und in 2 cm große Stücke schneiden. Oregano waschen, trocken schütteln und die Blättchen abzupfen. Tomaten waschen und halbieren. Die Zwiebeln schälen und in feine Ringe schneiden.

2. Eine Auflaufform (ca. 30 x 20 cm) mit 1 El Olivenöl ausstreichen. Paprika, Oregano, Tomaten und Zwiebeln hineingeben und mit dem restlichen Olivenöl vermischen. Den Feta darüberbröseln. Die Eier mit der Sahne und etwas Salz und Pfeffer verquirlen und über die restlichen Zutaten geben.

3. Den Auflauf mit Alufolie abgedeckt ca. 30 Minuten auf der mittleren Schiene backen, dabei für die letzten 10 Minuten die Abdeckung entfernen.

Anstelle von Feta kannst du auch anderen Käse über den Auflauf geben, beispielsweise geriebenen Emmentaler, Bergkäse oder Gouda. Oder probiere es doch mal mit Ziegencamembert.

»„Mama, ist Fischstäbchen Fisch?“ „Ja!“ „Dann mag ich das, aber lieber mit Würstchensalat, nicht mit den orangenen Dingern.“«

Wie hat's geschmeckt? ☆ ☆ ☆ ☆

RIESEN-FISCHSTÄBCHEN

mit Selleriepüree und Ofenkürbis

Fertig in ca. 40 Minuten

Pro Portion ca. 520 kcal, 28 g E, 38 g F, 17 g KH

Für 4 Portionen

1 Knollensellerie (600 g)

1 Hokkaido-Kürbis (800 g)

3 El Rapsöl

½ Tl getrockneter Thymian

Salz

Pfeffer

200 ml Sahne

100 ml Milch

4 Wildlachsfilets (à 100 g)

40 g Sesamsamen

1. Den Backofen auf 220 °C Ober-/Unterhitze vorheizen. Den Sellerie schälen und in kleine Stücke schneiden. Den Kürbis waschen, halbieren, entkernen und in Spalten schneiden. Ein Backblech mit Backpapier auslegen. Den Kürbis darauf verteilen, mit 2 El Öl bestreichen, mit Thymian bestreuen, salzen, pfeffern und 20 Minuten auf der mittleren Schiene backen.

2. Die Selleriestücke mit Sahne, Milch und ½ Tl Salz in einem Topf aufkochen und anschließend bei mittlerer Hitze 20–25 Minuten weich garen. Mit einem Mixstab fein cremig pürieren und mit Salz und Pfeffer abschmecken.

3. Inzwischen den Fisch abspülen, trocken tupfen, auf einen Teller legen und mit dem Sesam ummanteln. Das restliche Rapsöl in einer beschichteten Pfanne erhitzen und bei mittlerer Hitze die Filets 3 Minuten pro Seite braten. Mit dem Selleriepüree und den Kürbisspalten servieren.

Wildlachs ist besonders reich an gesunden Omega-3-Fettsäuren, da der Fisch sie über seine Nahrung wie Algen und Plankton aufnimmt. Zuchtfische enthalten die lebensnotwendigen Fettsäuren nur in geringerer Menge.

Wie hat's geschmeckt? ☆ ☆ ☆ ☆

HACKBÄLLCHEN
mit Zoodles

Fertig in ca. 30 Minuten
Pro Portion ca. 450 kcal, 36 g E, 27 g F, 14 g KH

Für 4 Portionen

1 kleine Pastinake (100 g)
1 kleine Zwiebel
1 Knoblauchzehe
500 g mageres Rinderhackfleisch
1 Ei (S)
Salz
Pfeffer
1 El Olivenöl
2 Dosen stückige Tomaten (à 400 g)
1 Tl getrockneter Oregano
2 Zucchini (ca. 700 g)
100 g Feta

1. Für die Hackbällchen die Pastinake putzen, schälen und fein raspeln. Zwiebel und Knoblauch schälen und fein hacken. Das Hackfleisch mit Pastinakenraspeln, Ei, 1 Tl Salz und etwas Pfeffer verkneten. Die Masse zu ca. 16 golfballgroßen Bällchen formen. Öl in einer beschichteten Pfanne erhitzen und die Hackbällchen darin unter Wenden ca. 8 Minuten braten, herausnehmen.

2. Die Zwiebel und den Knoblauch ins Bratfett geben und andünsten. Die Tomaten zugeben, mit Salz, Pfeffer und Oregano würzen, alles aufkochen und die Tomatensauce ca. 10 Minuten einkochen lassen.

3. Inzwischen die Zucchini waschen und trocken reiben. Die Enden entfernen. Die Zucchini mit Hilfe eines Spiralschneiders in lange „Nudeln" schneiden. Reichlich Salzwasser in einem Topf aufkochen.

4. Die Hackbällchen in die Tomatensauce geben und alles ca. 5 Minuten köcheln lassen. Die Zucchininudeln („Zoodles") in das kochende Wasser geben, 2–3 Minuten blanchieren, abgießen und abtropfen lassen. Zoodles mit Hackbällchen und Tomatensauce anrichten. Den Feta darüberbröseln und servieren.

Für den großen Hunger

Wenn deine Lieben mehr Hunger haben, koch einfach noch pro Portion 75 g Nudeln und mische sie unter ihre Zoodles.

Wie hat's geschmeckt? ☆ ☆ ☆ ☆

BALKAN-BURGER
mit Feta-Creme und Paprika

Fertig in ca. 55 Minuten

Pro Low-Carb-Portion ca. 524 kcal, 40 g E, 34 g F, 4 g KH

Pro Familien-Portion ca. 589 kcal, 38 g E, 36 g F, 27 g KH

Für 4 Portionen

500 g Rinderhackfleisch
½ Tl Salz
6 Prisen Pfeffer
1 rote Zwiebel (60 g)
1 Knoblauchzehe
60 g Babyspinat
180 g Feta
2 El Milch
100 g gegrillte Paprika in Lake
3 Brötchen
2 Portobello-Pilze (250 g)
4 Tl Ajvar

Portobello-Pilze sind im Grunde groß geratene braune Champignons, die locker einen Durchmesser von 10 cm und mehr erreichen können. Aufgrund ihrer Größe und ihres Geschmacks eignen sie sich wunderbar als kohlenhydratarmer Bun-Ersatz!

1. Das Hackfleisch mit Salz und Pfeffer würzen, vermengen und mit einer Burgerpresse oder mit den Händen zu 4 gleich großen Burger-Pattys formen, die ca. 2 cm hoch sind und einen Durchmesser von 10 cm haben. Die Pattys für 30 Minuten in den Kühlschrank geben.

2. Inzwischen Zwiebel und Knoblauch schälen, Zwiebel in feine Ringe schneiden, Knoblauch sehr fein hacken. Den Babyspinat waschen und trocken schütteln. Feta aus der Packung nehmen, in eine Schüssel zerbröseln, Milch und Knoblauch dazugeben und mit einer Gabel zu einer Creme glatt streichen. Die gegrillte Paprika abtropfen lassen. Die Brötchen halbieren. Die Portobello-Pilze putzen.

3. Die Pattys aus dem Kühlschrank nehmen und mit der Rückseite eines Löffels eine Mulde in die Mitte der Pattys drücken. Eine (Grill-)Pfanne hoch erhitzen. Zunächst die Brötchenhälften mit der Schnittseite nach unten ca. 30 Sekunden rösten, dann beiseitelegen. Die Pilze von beiden Seiten 3–4 Minuten braten, dann ebenfalls aus der Pfanne nehmen. Dann die Pattys von jeder Seite 5–6 Minuten braten (je nachdem, wie durch ihr sie haben möchtet).

4. Die unteren Brötchenhälften sowie einen gebratenen Portobello-Pilz mit der Feta-Creme bestreichen, dann den Spinat und die Zwiebelringe darauf verteilen (wenn deine Kinder keine rohe Zwiebel mögen, brat sie an oder lass sie einfach weg). Die Pattys darauflegen und die gegrillte Paprika daraufschichten. Die oberen Brötchenhälften sowie den zweiten gebratenen Portobello-Pilz mit je einem Löffel Ajvar bestreichen und oben aufsetzen.

Tacos de Luxe

Wenn deine Lieben mehr Kohlenhydrate möchten, kein Problem! Einfach Pfannkuchen (Kühlregal oder selbst gemacht) oder Tortilla-Fladen in einer Pfanne erwärmen und zum Füllen dazu servieren.

Wie hat's geschmeckt? ☆ ☆ ☆ ☆

Tex-Mex- SALAT-TACOS

Fertig in ca. 25 Minuten

Pro Portion ca. 415 kcal, 40 g E, 18 g F, 20 g KH

Für 4 Portionen

400 g Hähnchenbrustfilet

1 kleine Zwiebel

1 kleine Dose Mais (140 g Abtropfgewicht)

1 kleine Dose Kidneybohnen (130 g Abtropfgewicht)

2 El Rapsöl

Salz

Pfeffer

1 Msp. Honig

½ Tl Kreuzkümmel

1 Dose stückige Tomaten (400 g)

2 Römersalatherzen (à ca. 100 g)

½ unbehandelte Zitrone

125 g Sour Cream

100 g geraspelter Gouda

1. Das Fleisch waschen, trocken tupfen und in kleine Würfel schneiden. Die Zwiebel schälen und fein würfeln. Den Mais und die Kidneybohnen abgießen, kalt abspülen und abtropfen lassen.

2. 1 El Öl in einer beschichteten Pfanne erhitzen. Das Hähnchenfleisch darin unter Wenden bei hoher Hitze ca. 6 Minuten braten. Mit ⅓ Tl Salz, 5 Prisen Pfeffer und Honig abschmecken, aus der Pfanne nehmen und warmhalten.

3. Das restliche Öl in die Pfanne geben und die Zwiebel darin bei mittlerer Hitze andünsten. Den Mais und die Bohnen zugeben, nach Belieben mit Kreuzkümmel würzen, die Tomaten angießen, alles aufkochen und ca. 10 Minuten köcheln lassen. Mit Salz und Pfeffer abschmecken.

4. Inzwischen den Salat putzen, die Blätter im Ganzen ablösen, waschen und trocken schütteln. Für den Dip die Zitrone heiß waschen, trocken reiben, ca. ½ Tl Schale abreiben und 2 El Saft auspressen. Beides mit der Sour Cream verrühren und mit Salz abschmecken.

5. Die Salatblätter, das Fleisch, den Mais-Bohnen-Mix und den Dip anrichten. So kann sich jeder die Salatblätter als „Tacoschalen" nach Belieben füllen.

Wie hat's geschmeckt? ☆ ☆ ☆ ☆

Kunterbunte
MINESTRONE

Fertig in ca. 45 Minuten

Pro Low-Carb-Portion ca. 464 kcal, 29 g E, 27 g F, 22 g KH

Pro Familien-Portion ca. 642 kcal, 35 g E, 28 g F, 58 g KH

Für 4 Portionen

350 g Tomaten
½ Stange Lauch (100 g)
200 g Zucchini, 250 g Möhren
1 Knoblauchzehe
400 g weiße Bohnen (aus der Dose)
3 El Gemüsebouillonpulver
2 El Rapsöl
2 El Tomatenmark
200 g Parmesan
150 g Orecchiette (oder Hartweizenpasta für Suppe)
Salz, Pfeffer
4 Tl gutes Olivenöl nativ extra

1. Tomaten, Lauch und Zucchini waschen und putzen. Tomaten würfeln, Zucchini in feine Scheiben schneiden, Lauch in feine Streifen schneiden. Möhren schälen, Enden abschneiden und Möhren auf einer Gemüsereibe in feine Scheiben hobeln. Knoblauch schälen und fein hacken. Die Bohnen in ein Sieb geben, abspülen und abtropfen lassen.

» Mama, kochst du noch mal das mit den schwimmenden Nudeln? «

2. Gemüsebouillonpulver in einen hohen Rührbecher geben, mit 1,2 Liter kochendem Wasser aufgießen und das Pulver darin auflösen. Das Rapsöl in einen Topf geben und Lauch und Knoblauch darin bei hoher Hitze 1 Minute anbraten. Unter Rühren für 2 Minuten die Möhrenscheiben hinzugeben, dann die Zucchini und das Tomatenmark. Mit der Gemüsebouillon aufgießen und einmal aufkochen lassen.

3. Die Hitze auf mittlere Stufe reduzieren, die Bohnen dazugeben und 20 Minuten offen köcheln lassen. Dann die Tomatenstücke zugeben und weitere 10 Minuten köcheln. Inzwischen den Parmesan reiben und in einem extra Topf die Orecchiette nach Packungsanweisung bissfest garen, anschließend abgießen.

4. Die Minestrone mit Salz und Pfeffer abschmecken. ¼ für deine Low-Carb-Portion abnehmen, mit ¼ des Parmesans bestreuen und mit 1 Tl Olivenöl beträufeln. Für den Rest der Familie die Nudeln unter die restliche Minestrone mischen und mit Parmesan bestreut und mit Olivenöl beträufelt servieren.

Wie hat's geschmeckt? ☆ ☆ ☆ ☆

BROKKOLI-AUFLAUF

mit Schinken und Pinienkernen

Fertig in ca. 45 Minuten

Pro Portion ca. 483 kcal, 48 g E, 26 g F, 14 g KH

Für 4 Portionen

1 kg Brokkoli
Salz
250 g Kochschinken
75 g Parmesan
4 Eier
2 Packungen fettreduzierter Frischkäse (à 175 g)
150 ml Milch
Pfeffer
Muskat
30 g Pinienkerne
Fett für die Form

1. Den Brokkoli waschen, abtropfen lassen und in kleine Röschen teilen. Den Brokkoli-Strunk schälen und fein würfeln. Alles in einen Topf geben, mit Salzwasser bedecken und aufkochen lassen. 2–3 Minuten garen. Den Brokkoli in ein Sieb abgießen, abschrecken und abtropfen lassen.

2. Den Schinken in Würfel schneiden. Den Parmesan fein reiben. Die Eier mit Frischkäse, Milch sowie der Hälfte des Parmesans verquirlen und mit Salz, Pfeffer und Muskat würzen.

3. Den Backofen auf 175 °C Ober-/Unterhitze vorheizen. Den Brokkoli in eine gefettete, flache Auflaufform geben, den Schinken darauf verteilen und die Eier-Käse-Masse gleichmäßig darübergießen. Mit dem restlichen Parmesan bestreuen und ca. 25 Minuten auf der mittleren Schiene backen. Ca. 5 Minuten vor Ende der Garzeit mit Pinienkernen bestreuen.

Für hungrige Mäuler

Für deine Lieben kannst du den Auflauf mit ein paar Nudeln noch sättigender machen. Einfach pro Person 50 g kurze Nudeln (z. B. Penne) kochen und auf einer Seite der Auflaufform unter den Brokkoli mischen.

Wie hat's geschmeckt? ☆ ☆ ☆ ☆

CHICKEN-NUGGETS

mit Gemüse-Fritten

Fertig in ca. 35 Minuten

Pro Portion ca. 520 kcal, 40 g E, 33 g F, 20 g KH

Für 4 Portionen

- 500 g Möhren
- 300 g Pastinaken
- 5 El Olivenöl
- 1 Tl geräuchertes Paprikapulver
- Salz
- Pfeffer
- 500 g Hähnchenbrustfilet
- 1 Ei
- 100 g Sesamsamen
- 200 g Joghurt
- 2 El Tahin
- 1 El Zitronensaft

Wenn du weniger Kohlenhydrate zu dir nehmen möchtest, ersetz die Pastinaken durch Möhren – Letztere haben weniger Kohlenhydrate.

1. Den Backofen auf 200 °C Umluft vorheizen. Die Möhren und die Pastinaken putzen, schälen und in ca. 1 cm breite pommesartige Stifte schneiden. 3 El Öl mit Paprikapulver, ½ Tl Salz und 2 Msp. Pfeffer in einer großen Schüssel verrühren. Das Gemüse zum Würzöl geben und gut untermischen. Die Fritten auf ein mit Backpapier belegtes Backblech geben und so ausbreiten, dass die Stifte möglichst nicht übereinander liegen. Im heißen Ofen auf der mittleren Schiene ca. 25 Minuten backen, dabei nach der Hälfte der Backzeit mit einem Pfannenwender wenden.

2. Inzwischen für die Nuggets das Fleisch waschen, trocken tupfen und in 5 cm große Stücke schneiden. Das Ei mit ½ Tl Salz und 4 Prisen Pfeffer in einem tiefen Teller verquirlen. 50 g Sesam in einem Blitzhacker fein mahlen. Mit den ganzen Sesamsamen auf einem tiefen Teller mischen. Das Fleisch leicht salzen, durch das Ei ziehen, dann im Sesam-Mix wenden und die Panade etwas andrücken. Das restliche Öl in einer beschichteten Pfanne erhitzen. Die Nuggets darin unter Wenden 8–10 Minuten bei mittlerer Hitze braten, bis sie außen goldbraun und innen durch sind.

3. Für den Dip den Joghurt mit Tahin und Zitronensaft glatt rühren, mit Salz und Pfeffer abschmecken. Die Chicken-Nuggets mit den Gemüse-Fritten und dem Dip servieren.

» Ich liiiiiebe
Chicken-Nuggets.
Lokab ist super,
Mama! «

Wie hat's geschmeckt? ☆ ☆ ☆ ☆

THAI-PFANNENGEMÜSE
mit Erdnuss und Tofu

Fertig in ca. 35 Minuten

Pro Low-Carb-Portion ca. 433 kcal, 31 g E, 26 g F, 22 g KH

Pro Familien-Portion ca. 532 kcal, 30 g E, 22 g F, 50 g KH

Für 4 Portionen

100 g Mango
1 cm Ingwer
Saft von 1 Limette
1 rote Zwiebel (75 g)
500 g Möhren
200 g kleine Champignons
400 g Naturtofu
10 Stängel Koriander nach Belieben
180 g Blumenkohl
120 g Basmati-Reis
Salz
2 El Bratöl
100 ml Sojasauce
75 g geröstete, gesalzene Erdnüsse

Basmati-Reis ist superlecker und gesund, hat aber leider jede Menge Kohlenhydrate – für Low Carb daher nicht die beste Wahl. Blumenkohlreis ist eine super Alternative!

1. Die Mango schälen, vom Stein lösen und in Stücke schneiden. Ingwer schälen und fein hacken. Mango und Ingwer zusammen mit 100 ml Wasser und dem Limettensaft in einen hohen Rührbecher geben und zu einer glatten Sauce pürieren.

2. Die Zwiebel schälen und in feine Ringe schneiden. Die Möhren schälen, putzen und schräg in feine Scheiben schneiden. Die Champignons putzen, halbieren oder vierteln. Den Tofu aus der Packung nehmen, abtropfen lassen und ca. 1 cm groß würfeln. Den Koriander waschen, trocken schütteln, Blättchen abzupfen und fein hacken. Den Blumenkohl waschen, Röschen abtrennen und im Blitzhacker etwa pinienkerngroß zerkleinern.

3. Den Reis zusammen mit ½ Tl Salz in einen Topf mit 250 ml Wasser geben und aufkochen lassen. Dann ein Sieb über den Topf hängen, den Blumenkohl hineingeben, den Deckel schließen und bei kleiner Hitze 15 Minuten köcheln lassen.

4. Inzwischen 1 El Bratöl in einer beschichteten, großen und tiefen Pfanne oder in einer Wokpfanne auf höchster Stufe erhitzen. Den Tofu darin ringsherum 4 Minuten anbraten. Dann ½ El Öl zugeben und die Zwiebel darin 2 Minuten anbraten. Schließlich das restliche Öl und die Möhren für 4 Minuten bei mittlerer Hitze anbraten. Die Pilze dazugeben, mit Sojasauce ablöschen und 2 Minuten köcheln lassen. Zum Schluss die Mangosauce dazugeben, gründlich vermengen und mit Salz abschmecken.

5. Das Gemüse mit Blumenkohlreis für dich bzw. mit Basmati-Reis für deine Lieben anrichten und mit Koriander (wer mag) und mit Erdnüssen bestreut servieren.

» Mein persönliches Überraschungsgericht aus diesem Buch! Die Kinder haben alles restlos weggeputzt. Sonst rühren sie Kohlrabi nie an. «

Wie hat's geschmeckt? ☆ ☆ ☆ ☆

KOHLRABI-KARTOFFELGRATIN

mit Speck

Fertig in ca. 1 Stunde

Pro Portion ca. 550 kcal, 20 g E, 40 g F, 20 g KH

Für 4 Portionen

300 g festkochende Kartoffeln

600 g Kohlrabi

100 g gewürfelter Räucherspeck

Pfeffer

200 ml Schlagsahne

150 g geriebener Emmentaler

Butter für die Form

1. Den Backofen auf 200 °C Ober-/Unterhitze vorheizen. Kartoffeln und Kohlrabi waschen, schälen und mit dem Gemüsehobel in feine Scheiben hobeln.

2. Eine runde Auflaufform (26 cm Durchmesser) gründlich mit Butter ausstreichen. Die Hälfte der Kartoffelscheiben leicht überlappend auf dem Boden verteilen, dann die Hälfte der Kohlrabischeiben auf die gleiche Weise darüberschichten. Die Hälfte der Räucherspeckwürfel darüber verteilen und mit Pfeffer würzen. Diesen Vorgang mit den restlichen Zutaten wiederholen, dann den Becher Sahne darüber verteilen und mit dem geriebenen Käse bestreuen.

3. Das Gratin im vorgeheizten Ofen 40–45 Minuten auf der mittleren Schiene garen, bis Kartoffeln und Kohlrabi gar sind und der Käse goldbraun und knusprig ist.

Kartoffeln bei Low Carb? Die haben doch so viele Kohlenhydrate! Das stimmt leider. Da ich Kartoffeln aber liebe, möchte ich auf keinen Fall auf Dauer komplett darauf verzichten. Dann würde ich Low Carb auch ganz bestimmt nicht dauerhaft durchhalten. Am Ende ist es wie so oft im Leben: Die Menge macht's!

Weniger Fett

Den Speck kannst du auch weglassen (dann würz das Gratin aber mit etwas Salz). Schmeckt trotzdem sehr lecker und du sparst noch mal eine große Portion Fett. Oder du trickst mit Räuchertofu (siehe Tipp S. 32.)

» Schnitzel mit Pommes geht bei uns immer! Eine sichere Nummer, bei der es garantiert kein Gejammer und Gemecker am Essenstisch gibt. «

Wie hat's geschmeckt? ☆ ☆ ☆ ☆

PARMESANSCHNITZEL
mit Kartoffel-Möhren-Pommes

Fertig in ca. 40 Minuten

Pro Portion ca. 450 kcal, 35 g E, 24 g F, 20 g KH

Für 4 Portionen

250 g festkochende Kartoffeln

700 g Möhren

5 El Rapsöl

4 Schweineschnitzel (à 100 g)

80 g Parmesan

2 Eier (M)

2 Prisen Pfeffer

1 El Weizenmehl

Salz

1. Den Backofen auf 230 °C Umluft vorheizen. Die Kartoffeln waschen und in ½ cm dicke Stifte schneiden. Die Möhren schälen, Enden abschneiden und je nach Größe einmal mittig teilen, dann ebenfalls in ½ cm dicke Stifte schneiden. Kartoffel-Möhren-Stifte in eine Schüssel geben, 2 El Öl dazugeben und alles kräftig vermischen. Die Pommes auf einem mit Backpapier belegten Blech verteilen und im vorgeheizten Ofen 25 Minuten auf der mittleren Schiene goldbraun backen.

2. Inzwischen die Schnitzel waschen und trocken tupfen. Den Parmesan fein reiben. Die Eier in einem Suppenteller aufschlagen und verquirlen. Parmesan und Pfeffer unterrühren und 10 Minuten quellen lassen. Das Mehl in einen weiteren Suppenteller geben.

3. 10 Minuten vor Ende der Backzeit das restliche Öl in einer Pfanne erhitzen. Die Schnitzel nacheinander zunächst im Mehl wenden (überschüssiges Mehl abklopfen), dann durch die Eier-Parmesan-Mischung ziehen. Im heißen Fett bei mittlerer Hitze 2–3 Minuten je Seite knusprig ausbacken. Die Kartoffel-Möhren-Pommes mit etwas Salz würzen und mit den Schnitzeln servieren.

Noch weniger Kohlenhydrate gefällig? Dann schmeckt das Schnitzel auch mit einem frischen Blattsalat oder mit Blumenkohlreis (siehe S. 66). Für deine Pommes-Portion finden sich bestimmt dankbare Abnehmer!

Wie hat's geschmeckt? ☆ ☆ ☆ ☆

BOHNENPFANNE

mit Zucchini, Tomaten und Feta

Fertig in ca. 35 Minuten

Pro Low-Carb-Portion ca. 568 kcal, 20 g E, 44 g F, 20 g KH

Pro Familien-Portion ca. 468 kcal, 12 g E, 20 g F, 57 g KH

Für 4 Portionen

2 kleine Schalotten (60 g)
1 Zucchini (350 g)
300 g Cocktail-Tomaten
350 g Buschbohnen (TK)
2 El Rapsöl
Salz
120 g Feta
150 ml Sahne
2 Tl getrocknete Kräuter der Provence (alternativ italienische Kräuter)
Pfeffer
500 g Schupfnudeln (pfannenfertig, Kühltheke)

500 g Schupfnudeln haben ca. 750 kcal, 15 g E, 7 g F und 150 g KH

» „Mama, was ist das Mittagessen?" „Bohnenpfanne mit Zucchini und Tomaten." „Iiih, das mag ich nicht!" „Das hast du noch nie probiert." „Trotzdem!" Am Ende hat er es dann doch gegessen – bis auf die Bohnen, die wurden pingelig raussortiert. Das nächste Mal ersetz ich sie durch Brokkoli oder Paprika. «

1. Die Schalotten schälen und fein hacken. Zucchini waschen, putzen und klein würfeln. Die Tomaten waschen und halbieren. Die Bohnen in einem Topf mit kochendem Salzwasser 2 Minuten blanchieren, in ein Sieb geben und abschrecken.

2. 1 El Öl in einer großen, tiefen, beschichteten Pfanne erhitzen. Die Schalotten darin bei mittlerer Hitze 2 Minuten anschwitzen. Zucchiniwürfel dazugeben, ½ Tl Salz zufügen und 5 Minuten garen. Dann die Tomaten zugeben und weitere 5 Minuten köcheln lassen. Feta fein zerbröseln und mit der Sahne, den Bohnen und den Kräutern in die Pfanne geben. Alles 3–5 Minuten auf höchster Stufe etwas einköcheln lassen. Mit Salz und Pfeffer abschmecken.

3. Die Hälfte der Gemüsemischung für deine Low-Carb-Portion abnehmen und warmhalten. Das Gemüse an den Pfannenrand schieben, das restliche Öl in die Mitte geben und die Schupfnudeln darin 5–7 Minuten knusprig anbraten. Die Schupfnudeln mit dem Gemüse vermischen und servieren.

Mit Schupfnudeln ist auch die Familie happy

Wie hat's geschmeckt? ☆ ☆ ☆ ☆

ASIA-LACHS
mit buntem Gemüse

Fertig in ca. 45 Minuten

Pro Portion ca. 625 kcal, 49 g E, 41 g F, 16 g KH

Für 4 Portionen

1 Knoblauchzehe
1 cm frischer Ingwer
3 El geröstetes Sesamöl (alternativ normales Sesamöl)
1 Msp. Chilipulver nach Belieben
2 El Zitronensaft
60 ml dunkle Sojasauce
½ Tl Kokosmehl
2 Tl Sesamsamen
4 Lachsfilets (à ca. 200 g)
2 rote Paprikaschoten
600 g Brokkoli
1 kleines Bund Frühlingszwiebeln
3 El Rapsöl

1. Knoblauch und Ingwer schälen und sehr fein hacken. Mit 80 ml Wasser, Sesamöl, ggf. Chili, Zitronensaft und Sojasauce in einen Topf geben und aufkochen lassen. 2 El Flüssigkeit abnehmen und mit dem Kokosmehl glatt rühren. Die Mischung in die Sauce im Topf einrühren, unter Rühren von der Flamme nehmen, die Sesamsamen unterrühren und die Sauce abkühlen lassen.

2. Den Backofen auf 200 °C Ober-/Unterhitze vorheizen. Ein Backblech mit Backpapier auslegen. Die Lachsfilets abspülen, trocken tupfen und auf dem Backblech verteilen. Paprika, Brokkoli und Frühlingszwiebeln waschen und putzen, die Paprika in Streifen, den Brokkoli in kleine Röschen, die Frühlingszwiebeln in feine Ringe schneiden. Paprika, Brokkoli und ⅔ der Frühlingszwiebeln in eine Schüssel geben und mit dem Öl vermischen, dann auf dem Backblech verteilen.

3. ⅔ der Sauce über dem Lachs und dem Gemüse verteilen und alles 15–20 Minuten auf der mittleren Schiene backen. Vor dem Servieren die restliche Sauce und die restlichen Frühlingszwiebeln über den Lachs und das Gemüse geben.

Bitte mit Beilage

Deiner Family fehlt die Beilage? Zum Asia-Lachs passen Kartoffel- oder Blumenkohlpüree, aber auch Asianudeln. Letztere sind blitzschnell zubereitet. Und zur Not reichst du einfach Brot dazu – das ist nicht wirklich asiatisch, geht aber immer.

Wie hat's geschmeckt? ☆ ☆ ☆ ☆

HÄHNCHEN-SATÉ
mit Möhrensalat

Fertig in ca. 30 Minuten

Pro Portion ca. 450 kcal, 36 g E, 25 g F, 18 g KH

Für 4 Portionen

800 g Möhren
6–7 El Zitronensaft
½ Tl Zimt
5 El Olivenöl
Salz
500 g Hähnchenbrustfilet
2 El Sojasauce
1 El Ahornsirup
1 kleine Dose ungesüßte Kokosmilch (165 ml)
50 g Erdnussmus
½ Tl Ingwerpulver
Pfeffer
ca. 16 gewässerte Holzspieße

Hähnchenfleisch punktet mit wenig Fett und jeder Menge hochwertigem Eiweiß, das sehr gut vom Körper verwertet werden kann.

1. Für den Salat Möhren waschen, putzen, schälen und auf einer Gemüsereibe oder mit der Küchenmaschine grob raspeln. Mit 4–5 El Zitronensaft, Zimt und 3 El Öl mischen. Mit ca. ½ Tl Salz abschmecken und durchziehen lassen, bis alles andere fertig ist.

2. Für die Saté-Spieße das Fleisch waschen, trocken tupfen und in ca. 2 cm große Würfel schneiden. Die Sojasauce mit dem Ahornsirup mischen. Das Fleisch mit dem restlichen Zitronensaft und 1 El Sojasaucen-Mischung vermischen und kurz ziehen lassen.

3. Für die Erdnusssauce die Kokosmilch und das Erdnussmus in einem kleinen Topf glatt rühren und unter Rühren erhitzen, aber nicht kochen. Restliche Sojasaucen-Mischung und Ingwerpulver unterrühren, mit etwas Salz abschmecken und warmhalten.

4. Je 3–4 Fleischwürfel auf die Spieße stecken. Restliches Öl in 2 großen Pfannen erhitzen. Spieße darin 3–4 Minuten pro Seite braten. Mit Salz und Pfeffer würzen. Spieße mit Sauce und Möhrensalat servieren.

» Heute ist Low Carb ausgefallen – mein Sohn hat meine Portion mit Kürbis verputzt. „Lokaben ist soooo lecker, Mama!“ Ja … aber manchmal gar nicht so einfach … «

Wie hat's geschmeckt? ☆ ☆ ☆ ☆

LASAGNE
2 in 1

Fertig in ca. 60 Minuten

Pro Low-Carb-Portion ca. 558 kcal, 44 g E, 30 g F, 22 g KH

Pro Familien-Portion ca. 612 kcal, 45 g E, 31 g F, 38 g KH

Für 4 Portionen

200 g Knollensellerie
1 Schalotte (35 g)
2 El Rapsöl
250 g Rinderhackfleisch
1 ½ El Tomatenmark (20 g)
400 ml passierte Tomaten
Salz
Pfeffer
200 g Hokkaido-Kürbis
5–6 Lasagneplatten
400 g Körniger Frischkäse
150 g geriebener Bergkäse
Öl für die Form

1. Sellerie und Schalotte schälen und im Blitzhacker fein hacken. Das Öl in einem Topf erhitzen und die Sellerie-Schalotten-Masse darin 2–3 Minuten scharf anbraten. Das Hackfleisch dazugeben und mitbraten, bis es krümelig ist. Tomatenmark und passierte Tomaten zugeben. Mit Salz und Pfeffer abschmecken und die Hackfleischsauce offen bei mittlerer Hitze 10–15 Minuten einköcheln lassen.

2. Inzwischen den Kürbis waschen, entkernen und in feine Scheiben schneiden oder hobeln. Den Backofen auf 180 °C Ober-/Unterhitze vorheizen. Eine rechteckige Auflaufform mit Öl einfetten.

3. ¼ des Bodens mit der Hälfte der Kürbisscheiben, den Rest mit der Hälfte der Lasagneplatten auslegen. Die Hälfte der Hackfleischsauce darüber verteilen, dann die Hälfte des Frischkäses darübergeben. Die restlichen Zutaten ebenso einschichten. Die Lasagne mit Käse bestreuen und 30 Minuten auf der mittleren Schiene goldbraun backen. Für dich gibt es Lasagne mit Kürbis, für den Rest der Familie klassische Lasagne.

Wie hat's geschmeckt? ☆ ☆ ☆ ☆

DÖNER
mit Putengeschnetzeltem

Fertig in ca. 30 Minuten

Pro Low-Carb-Portion ca. 480 kcal, 58 g E, 25 g F, 8 g KH
Pro Familien-Portion ca. 560 kcal, 38 g E, 18 g F, 60 g KH

Für 4 Portionen

200 g Rotkohl
1 rote Zwiebel (60 g)
1 kleines Bund Petersilie (20 g)
150 g gegrillte Paprika in Lake
150 g Joghurt
2 Tl Paprikapulver
½ Tl Kreuzkümmel
1 Tl getrockneter Thymian
Salz
1 Knoblauchzehe
4 El Rapsöl
500 g Putengeschnetzeltes
Pfeffer
100 g Feta
1 kleines Fladenbrot (ca. 350 g)

1. Den Rotkohl waschen, putzen und mit dem Gemüsehobel fein raspeln. Die Zwiebel schälen, halbieren und in feine Ringe schneiden. Die Petersilie waschen, trocken schütteln, Blättchen abzupfen und grob hacken. Die gegrillte Paprika abtropfen lassen.

Mein Mann liebt Zwiebeln auf seinem Döner, unsere Kinder sortieren sie theatralisch angewidert aus („Iiiiih, die stinken so!"). Wenn du auch so kleine Zwiebelskeptiker zuhause hast, lass sie einfach weg. Es zahlt sich aber aus, es immer mal wieder zu versuchen. Geschmack ist nämlich zu einem großen Teil erlernt.

2. Joghurt mit Paprikapulver, Kreuzkümmel, Thymian und etwas Salz in einer Schale verrühren. Knoblauch schälen, dazupressen und unterrühren.

3. Das Öl in einer großen Pfanne erhitzen und das Putengeschnetzelte darin 10 Minuten rundherum scharf anbraten, bis es knusprig geröstet ist. Dann mit Salz und Pfeffer abschmecken.

4. Den Feta zerbröseln. Für die Döner-Taschen das Fladenbrot dritteln und jeweils eine Tasche einschneiden. Die Taschen mit Joghurtsauce ausstreichen und jeweils mit etwa ⅓ Putengeschnetzeltem, gegrillter Paprika, Rotkraut, Zwiebelringen, Feta und Petersilie füllen. Mit den restlichen Zutaten deinen Low-Carb-Dönerteller anrichten.

Du kannst das Brot auch vorher knusprig anrösten, zum Beispiel in der Pfanne. Für die Premium-Variante legst du die fertig gefüllten Brote kurz unter einen Kontaktgrill – dann schmeckt es wie von eurer Lieblings-Dönerbude.

Wie hat's geschmeckt? ☆ ☆ ☆ ☆

BLUMENKOHLPIE
mit Hackfüllung

Fertig in ca. 75 Minuten

Pro Portion ca. 668 kcal, 41 g E, 53 g F, 8 g KH

Für 4 Portionen

600 g Blumenkohl
Salz
3 El Butter
4 El Sahne
Pfeffer
1 Schalotte
1 Knoblauchzehe
300 g Staudensellerie
300 g kleine Champignons
4 El Olivenöl
500 g gemischtes Hackfleisch
2 El Worcestersauce
1 El dunkle Sojasauce
2 El Tomatenmark
125 g Mozzarella
50 g geriebener Edamer

Blumenkohl punktet mit wenig Kohlenhydraten und dazu noch wenigen Kalorien!

1. Den Blumenkohl waschen, putzen, Röschen abtrennen und in einem Topf mit Salzwasser zum Kochen bringen. Einmal aufkochen, dann für 10 Minuten bei milder Hitze köcheln lassen, bis der Blumenkohl bissfest ist. Den Blumenkohl in einem Sieb abtropfen lassen, zurück in den Topf geben, die Butter und die Sahne zufügen und mit einem Mixstab zu einem weichen Mus pürieren. Mit Salz und Pfeffer abschmecken.

2. Inzwischen die Schalotte und den Knoblauch schälen und fein hacken. Den Sellerie und die Champignons putzen. Den Sellerie klein würfeln, die Champignons halbieren. Die Hälfte des Öls in einer großen Pfanne erhitzen, Schalotte und Knoblauch darin glasig braten. Champignons zugeben und 5 Minuten braten. Hackfleisch und Sellerie zugeben und weitere 8 Minuten braten. Dann restliches Öl, Worcestersauce, Sojasauce, Tomatenmark und 1 Prise Pfeffer zugeben und alles weitere 5 Minuten braten. Mit Salz abschmecken.

3. Den Backofen auf 190 °C Ober-/Unterhitze vorheizen. Die Hackfleischfüllung in einer Auflaufform (ca. 30 x 20 cm) verteilen. Das Blumenkohlpüree darauf verteilen und glatt streichen. Den Mozzarella abtropfen lassen und über dem Püree zerzupfen. Edamer darübergeben und den Pie im Ofen ca. 30 Minuten auf der mittleren Schiene backen. Aus dem Ofen nehmen und bis zum Servieren 5 Minuten ruhen lassen.

Wie hat's geschmeckt? ☆ ☆ ☆ ☆

CEASAR'S SALAD
mit Hähnchenbrust

Fertig in ca. 30 Minuten

Pro Portion ca. 494 kcal, 39 g E, 34 g F, 6 g KH

Für 4 Portionen

2 Hähnchenbrüste (400 g)
2 El Rapsöl
4 Eier (M)
3 Salatherzen
125 g Cocktailtomaten
60 g Parmesan
80 g Mayonnaise
80 g Joghurt (3,5 % Fett)
1 El Zitronensaft
2 El Worcestersauce
1 El milder Senf

1. Das Hähnchenfleisch waschen und trocken tupfen. Das Öl in einer beschichteten Pfanne erhitzen und die Hähnchenbrüste darin von beiden Seiten je 2 Minuten scharf anbraten, danach von jeder Seite noch 4 Minuten bei mittlerer Hitze gar ziehen lassen. Die Hähnchenbrüste quer in ½ cm dicke Streifen schneiden.

2. Währenddessen die Eier in einem Topf mit Wasser aufkochen und bei mittlerer Hitze 8–10 Minuten hart kochen, dann abgießen und in kaltem Wasser auskühlen lassen, pellen und in Scheiben schneiden. Die Salatherzen waschen, längs halbieren, den Strunk entfernen und quer in feine Streifen schneiden. Die Tomaten waschen und halbieren. Den Parmesan mit dem Sparschäler in dünne Scheiben hobeln.

3. Mayonnaise, Joghurt, Zitronensaft, Worcestersauce und Senf in eine Schüssel geben und daraus ein Dressing anrühren. Den Salat auf vier tiefe Teller verteilen, Tomatenhälften, Hähnchenbruststreifen und Eierscheiben darüber verteilen, mit dem Dressing beträufeln und Parmesanhobel darüberstreuen.

Mach's dir leichter!

Diesen Salat kannst du super am Vorabend vorbereiten: Hähnchen braten, Eier kochen, Parmesan hobeln – der Rest ist dann am nächsten Tag ruck, zuck gemacht. Ideal, wenn du weißt, dass es am nächsten Tag stressig wird.

Wie hat's geschmeckt? ☆ ☆ ☆ ☆

DRUMSTICKS
mit Möhren und Lauch

Fertig in ca. 45 Minuten

Pro Portion ca. 649 kcal, 39 g E, 49 g F, 14 g KH

Für 4 Portionen

400 g Möhren
400 g Lauch
5 El Olivenöl
800 g Hähnchenunterkeulen
2 Knoblauchzehen
1 unbehandelte Orange
2 Tl gemahlenes Garam Masala
½ Tl gemahlene Fenchelsamen
120 g Schmand
1 El Tahin
Salz
Pfeffer

Tahin ist eine Paste aus feingemahlenen Sesamsamen aus der arabischen Küche. Es hat einen nussigen bis leicht herben Geschmack. Das weiße Tahin ist milder als sein dunkler Verwandter, hat aber auch weniger Nährstoffe, da geschälte Samen verwendet werden.

1. Die Möhren schälen, putzen und in Pommes-große Stifte schneiden. Den Lauch waschen, putzen und in ca. 1 cm dicke Scheiben schneiden. 3 El Olivenöl in eine Schüssel füllen, Möhren und Lauch dazugeben und alles mit den Händen vorsichtig vermischen.

2. Den Backofen auf 230 °C Umluft mit Ober-/Unterhitze vorheizen. Zwei Backbleche mit Backpapier auslegen. Die Hähnchenkeulen waschen und trocken tupfen. Für die Marinade den Knoblauch schälen und fein hacken. Die Orange heiß abspülen, trocken reiben und die Schale abreiben. Abrieb mit Knoblauch, Garam Masala, Fenchelsamen und restlichem Olivenöl in eine Schüssel geben und verrühren. Die Hähnchen gründlich mit der Marinade einreiben.

3. Die Hähnchen auf den Backblechen verteilen und die Möhren und den Lauch dazugeben. Auf der mittleren Schiene 20–25 Minuten knusprig backen, dabei nach 15 Minuten einmal wenden.

4. In der Zwischenzeit die Orange halbieren und eine Hälfte auspressen. Den Saft in ein Schälchen geben und mit Schmand, Tahin, Salz und Pfeffer zu einem Dip vermischen. Die Bleche aus dem Ofen nehmen, nach Belieben salzen und pfeffern. Gemüse und Hähnchenschenkel mit dem Dip servieren.

Beilage für die Nicht-Low-Carbler

Wenn deinen Lieben hier eine Beilage fehlt, koch einfach während der Ofenzeit noch für jeden eine Portion Gnocchi (aus dem Kühlregal).

» Eins unserer liebsten Familienrezepte! Da hauen die Kinder sogar bei Blumenkohl rein. Manchmal mische ich für sie auch noch ein bisschen Mais unter – dann bin ich die „allerbeste Mama der Welt"! «

Wie hat's geschmeckt? ☆ ☆ ☆ ☆

Überbackene GEMÜSE-PFANNE

Fertig in ca. 55 Minuten

Pro Portion ca. 405 kcal, 26 g E, 26 g F, 18 g KH

Für 4 Portionen

300 g Kartoffeln

400 g Blumenkohl

1 Zwiebel (75 g)

Salz

Pfeffer

5 Eier (M)

150 ml Milch

100 g geriebener Parmesan

Butter für die Pfanne

1. Den Boden und den Rand einer ofenfesten Pfanne mit Butter ausstreichen. Die Kartoffeln waschen und in feine Scheiben hobeln. Den Blumenkohl ebenfalls waschen, den Strunk herausschneiden und den Kohl in Scheiben schneiden. Die Zwiebel schälen und in feine Ringe schneiden.

2. So viele Kartoffelscheiben leicht überlappend kreisrund in die Pfanne legen, bis der Boden vollständig bedeckt ist. Zwiebeln und die Hälfte des Blumenkohls darauf verteilen, dann die restlichen Kartoffeln sowie den restlichen Blumenkohl darüberschichten. Jede Schicht mit ca. ⅓ Tl Salz bestreuen und pfeffern.

3. Die Pfanne mit geschlossenem Deckel bei voller Hitze auf den Herd stellen und alles 5 Minuten scharf anbraten. Dann die Pfanne vom Herd nehmen und den Deckel öffnen.

4. Den Backofen auf 180 °C Ober-/Unterhitze vorheizen. Eier mit Milch, Parmesan, ½ Tl Salz und etwas Pfeffer in einem hohen Rührbecher verquirlen. Die Eiermasse über den etwas erkalteten Pfanneninhalt geben. Alles 30 Minuten auf der mittleren Schiene goldbraun backen.

Keine ofenfeste Pfanne?

Kein Problem! Füll den angebratenen Pfanneninhalt einfach in eine gefettete Auflaufform um.

Wie hat's geschmeckt? ☆ ☆ ☆ ☆

Deftige KÄSE-LAUCH-SUPPE

Fertig in ca. 25 Minuten

Pro Portion ca. 443 kcal, 28 g E, 33 g F, 11 g KH

Für 4 Portionen

2 Zwiebeln
1 Knoblauchzehe
1 kg Lauch
2 El Butter
1,2 l Gemüsebrühe
300 g Schmelzkäse (45 % Fett)
100 g Emmentaler
1 Eigelb
Salz
Pfeffer

Anstelle von Schmelzkäse kannst du auch geschmolzenen Camembert oder Bergkäse verwenden!

1. Die Zwiebeln und den Knoblauch schälen, Zwiebeln in feine Ringe schneiden, den Knoblauch fein hacken. Den Lauch waschen, putzen und ebenfalls in feine Ringe schneiden. Die Butter in einem Topf schmelzen und Zwiebeln, Knoblauch und Lauch darin anrösten. Mit der Gemüsebrühe ablöschen und den Schmelzkäse einrühren. Die Suppe einmal aufkochen und anschließend 10 Minuten köcheln lassen. Inzwischen den Emmentaler reiben.

2. 2 El der Suppenflüssigkeit abnehmen und in ein Schälchen füllen. Das Eigelb hineingleiten lassen und glatt rühren. Diese Mischung in die Suppe geben und kräftig unterrühren. Dabei darf die Suppe nicht mehr zu heiß sein (maximal 70 °C). Die Suppe mit Salz und Pfeffer würzen und den geriebenen Emmentaler unterheben.

Für Eingefleischte

Die Suppe schmeckt so lecker, dass eigentlich selbst der größte Fleischfan hier Fleisch nicht vermissen dürfte. Falls doch: Brat einfach zusammen mit Zwiebeln, Knoblauch und Lauch 300 g Rinderhack mit an – die Kohlenhydratmenge erhöht sich dadurch so gut wie gar nicht.

Wie hat's geschmeckt? ☆ ☆ ☆ ☆

WÜRSTCHEN MIT GEMÜSE
vom Blech

Fertig in ca. 45 Minuten

Pro Portion ca. 640 kcal, 29 g E, 55 g F, 8 g KH

Für 4 Portionen

1 kleine rote Zwiebel
400 g kleine Champignons
400 g Cocktailtomaten
400 g Brokkoli
3 Tl Paprikapulver edelsüß
4 Tl getrockneter Oregano
3 Prisen Muskat
4 El Olivenöl
8 grobe Bratwürste
Salz
Pfeffer
100 g saure Sahne

1. Den Backofen auf 200 °C Umluft vorheizen. Ein Backblech mit Backpapier auslegen. Die Zwiebel schälen und in feine Ringe schneiden. Die Champignons putzen und halbieren. Die Cocktailtomaten waschen. Den Brokkoli waschen, putzen, den Strunk schälen und fein würfeln, die Röschen abtrennen.

2. Das Gemüse auf dem Backblech verteilen. Paprikapulver, Oregano und Muskat mit dem Olivenöl mischen und mit dem Gemüse vermengen.

3. Die Würstchen in Stücke schneiden und mit dem Gemüse vermischen. Alles 20–25 Minuten auf der mittleren Schiene im Ofen backen. Dann salzen, pfeffern und mit saurer Sahne servieren.

Brokkoli gehört zu den sogenannten Superfoods. Für ein Gemüse ist er sehr eiweißreich und macht dadurch länger satt. Zudem punktet er mit einer extra Portion Vitamin C. Daher lohnt es sich Brokkoliröschen oder den Stiel auch mal roh zu verputzen.

» Für den Rest der Familie lege ich meist noch ein paar in Spalten geschnittene Kartoffeln mit aufs Blech. «

Wie hat's geschmeckt? ☆ ☆ ☆ ☆

OFEN-HÄHNCHEN
mit Tomaten und Rucola

Fertig zubereitet in ca. 50 Minuten (plus 1 Stunde Marinieren)

Pro Portion ca. 601 kcal, 75 g E, 25 g F, 18 g KH

Für 4 Portionen

2 Knoblauchzehen
1 Schalotte
4 Zweige frischer Rosmarin
4 Hähnchenbrustfilets (à ca. 200 g)
30 ml Balsamico-Essig
ca. 6 El Olivenöl
800 g Cocktailtomaten
250 g Mozzarella
200 g Rucola
Salz
Pfeffer

1. Den Knoblauch und die Schalotte schälen und fein hacken. Den Rosmarin waschen, trocken schütteln, Nadeln abzupfen und fein hacken. Die Hähnchenbrustfilets waschen und trocken tupfen. Knoblauch und Schalotte mit Essig, 4 El Olivenöl und Rosmarin zu einer Marinade verrühren und diese in das Hähnchenfleisch einmassieren. Die Hähnchenbrustfilets im Kühlschrank mindestens 1 Stunde marinieren lassen.

2. Den Backofen auf 220 °C Ober-/Unterhitze vorheizen. Die Tomaten waschen. Die Hähnchenbrustfilets und die Tomaten auf einem mit Backpapier ausgelegten Backblech verteilen. Gegebenenfalls noch etwas Öl über die Tomaten träufeln. Alles 15 Minuten im Ofen backen.

3. Inzwischen den Mozzarella abtropfen lassen und in kleine Stücke zupfen. Die Hähnchen nach 15 Minuten Backzeit mit dem Mozzarella bestreuen und weitere 5–10 Minuten auf der mittleren Schiene backen. Den Rucola waschen und trocken schütteln. Hähnchen und Tomaten aus dem Ofen nehmen, salzen und pfeffern. Den Rucola auf vier Tellern verteilen und Hähnchen und Tomaten darauf anrichten. Mit Olivenöl beträufelt servieren.

Ohne Fleisch

Der Salat ist auch ohne Fleisch superlecker! Ziegen(frisch)käse, gebackener Halloumi oder Burrata sind köstliche kohlenhydratarme Alternativen für den Veggie-Day.

KLEINE GERICHTE, SNACKS & GETRÄNKE

Leckere Rezepte für zwischendurch

In diesem Kapitel findest du leichte Gerichte für die Zwischenmahlzeit und leckere Snacks und Getränke, mit denen du gegen Heißhungerattacken und plötzliche Hungeranfälle gewappnet bist. Auch für den kleineren Hunger deiner Lieben sind sie ideal. Viele der Gerichte kannst du auch ganz einfach für deine Familie zu Hauptgerichten „umfunktionieren", indem du sie durch Beilagen wie Nudeln, Reis, Kartoffeln & Co. ergänzt.

Wie hat's geschmeckt? ☆ ☆ ☆ ☆

KÄSE-CRACKER
mit Tomatendip

Fertig in ca. 35 Minuten

Pro Portion ca. 195 kcal, 17 g E, 12 g F, 4 g KH

Für 4 Portionen

100 g Emmentaler
30 g getrocknete Tomaten in Öl
250 g Magerquark
50 g Doppelrahm-Frischkäse
1 El Mineralwasser mit Kohlensäure
Salz
Pfeffer

1. Den Backofen auf 150 °C Ober-/Unterhitze vorheizen. Zwei Backbleche mit Backpapier auslegen. Den Käse mit einer Küchenreibe fein reiben und in kleinen Portionen (ca. 24 Stück) mit etwas Abstand auf die Bleche geben. Käse mit einem Löffel zu flachen Talern ausbreiten. Die Cracker blechweise im heißen Ofen auf der mittleren Schiene jeweils 12–15 Minuten backen, bis sie goldbraun sind. Herausnehmen und auf dem Blech auskühlen lassen.

2. Inzwischen für den Dip die Tomaten gut abtropfen lassen, mit Küchenpapier abtupfen und klein schneiden. Mit Quark, Frischkäse und Mineralwasser in einen hohen Rührbecher geben und mit dem Mixstab fein pürieren.

3. Die Cracker mit einem Pfannenwender vom Backpapier lösen und mit dem Tomatendip servieren.

Mach's dir leichter!

Die Cracker lassen sich gut auf Vorrat machen. In einer mit Küchenpapier ausgelegten Vorratsdose halten sie sich ca. 1 Woche.

Perfekter Snack für zwischendurch

Perfekter Snack für zwischendurch

Wie hat's geschmeckt? ☆ ☆ ☆ ☆

GURKEN-SUSHI
mit Räucherlachs

Fertig in ca. 15 Minuten

Pro Portion (3 Stück) ca. 40 kcal, 5 g E, 1 g F, 3 g KH

Für 4 Portionen

1 große Salatgurke

3 Stiele Dill

50 g Magerquark

50 g geräucherter Lachs

1 Tl Zitronensaft

Salz

Pfeffer

Die Röllchen schmecken auch super mit Thunfisch aus der Dose statt Lachs! Bitte den Fischen zuliebe auf das MSC-Siegel und die Fangart (mit Angelrute und Leine) achten.

1. Die Gurke waschen, Enden entfernen und schälen, dann mit einem Gemüsehobel längs in ca. 24 sehr dünne Streifen schneiden. Die Streifen auf Küchenpapier legen und mit Küchenpapier gründlich trocken tupfen.

2. Für die Creme den Dill waschen, trocken schütteln und die Spitzen abzupfen. Den Quark mit Lachs in groben Stücken, Dill und Zitronensaft in einen Blitzhacker geben und pürieren. Mit Salz und Pfeffer abschmecken.

3. Je 2 Gurkenstreifen übereinanderlegen, mit je ½ Tl Creme bestreichen und aufrollen (ggf. mit Zahnstochern befestigen). Auf diese Weise ca. 12 Gurken-Sushi herstellen.

Wie hat's geschmeckt? ☆ ☆ ☆ ☆

Cremige TOMATENSUPPE

Fertig in ca. 30 Minuten

Pro Low-Carb-Portion ca. 263 kcal, 5 g E, 22 g F, 12 g KH

Pro Familien-Portion ca. 547 kcal, 17 g E, 27 g F, 52 g KH

Für 4 Portionen

1 Bund Suppengrün (500 g)
2 El Olivenöl
2 El Tomatenmark (30 g)
2 El Sojasauce (20 g)
1 Tl Zucker (5 g)
1 Tl Salz
500 g passierte Tomaten
1 Becher Schlagsahne (200 g)
400 g frische Tortelloni mit Käsefüllung

1. Das Suppengrün waschen, schälen, grob zerkleinern und im Blitzhacker oder der Küchenmaschine fein hacken.

2. Das Olivenöl in einem großen Topf erhitzen, das zerkleinerte Suppengrün darin 2 Minuten scharf anbraten, dann das Tomatenmark unterrühren und 1 Minute mit anrösten. Sojasauce, Zucker und Salz dazugeben und alles mit den passierten Tomaten und 400 ml Wasser ablöschen. Bei geschlossenem Deckel 15 Minuten bei mittlerer Hitze weich köcheln lassen.

100 g der Tortelloni haben ca. 30 g KH, sodass sie für eine Low-Carb-Diät keine gute Wahl sind. Leider! Wenn du nicht widerstehen kannst: Wieg ein paar Tortelloni ab und rechne mit der o.g. Angabe die Kohlenhydrate aus. 2–3 sind bestimmt drin.

3. Die Sahne dazugeben und die Suppe mit einem Pürierstab glatt pürieren. Nimm nun ¼ der Suppe für dich ab und halt sie ggf. warm. Für deine Lieben gibst du in die restliche Suppe die Tortelloni und lässt sie bei geringer Hitze unter gelegentlichem Rühren nach Packungsanleitung in der Suppe gar ziehen.

Suppeneinlage für dich

Du kannst bedenkenlos 50 g gewürfelten Feta oder 1 gewürfeltes, hartgekochtes Ei in die Suppe geben.

Wie hat's geschmeckt? ☆☆☆☆

KNUSPERLACHS

mit falschen Bratkartoffeln

Fertig in ca. 30 Minuten

Pro Portion ca. 380 kcal, 28 g E, 25 g F, 12 g KH

Für 4 Portionen

1 kleine Steckrübe (ca. 800 g)
1 Zwiebel
1 Knoblauchzehe
5 Stängel Petersilie
2 El Rapsöl
Salz
Pfeffer
4 Lachsfilets (à ca. 125 g)
ca. 1 El Doppelrahm-Frischkäse
50 g Haselnuss-Blättchen

Steckrüben sind wieder in! Im Herbst/Winter findest du sie auf heimischen Märkten. Wenn keine Saison ist, kannst du alternativ Kohlrabi nehmen.

1. Für die falschen Bratkartoffeln die Steckrübe schälen, vierteln und in 1 cm große Würfel schneiden. In einen Topf geben, knapp mit Wasser bedecken, aufkochen und ca. 2 Minuten zugedeckt blanchieren. Anschließend in ein Sieb abgießen und gut abtropfen lassen. Die Zwiebel und den Knoblauch schälen und fein würfeln. Die Petersilie waschen, trocken schütteln, die Blättchen von den Stielen zupfen und fein hacken.

2. 1 El Öl in einer beschichteten Pfanne erhitzen. Steckrübenwürfel darin unter Wenden bei mittlerer Hitze ca. 10 Minuten anbraten, bis sie goldbraun sind. Nach der Hälfte der Garzeit Zwiebel und Knoblauch zugeben und mitbraten. Die Petersilie untermischen und mit ½ Tl Salz und 2 Msp. Pfeffer abschmecken.

3. Inzwischen den Lachs auf einer Seite dünn mit dem Frischkäse bestreichen. Die Haselnussblättchen auf einen Teller geben und den Lachs jeweils mit der bestrichenen Seite in die Nüsse drücken. Restliches Öl in einer zweiten Pfanne erhitzen. Den Lachs auf der Nuss-Seite 3–4 Minuten bei mittlerer Hitze braten, wenden und weitere ca. 5 Minuten braten. Den Lachs mit den falschen Bratkartoffeln servieren.

Auf den Punkt

Lachs braten ist ein wenig tricky: Ist er zu lange in der Pfanne, wird er trocken. Wenn du ein Bratenthermometer hast, stecke es einfach nach dem Wenden in den Lachs: Bei einer Kerntemperatur von 50–55 °C ist er medium, ab 60 °C wird er trocken.

» Falsche Bratkartoffeln sind einfach genial. Meine Kinder essen sie sehr gerne – und bekommen so ganz ohne Geschrei eine extra Portion Gemüse. «

Wie hat's geschmeckt? ☆ ☆ ☆ ☆

HAMBURGER-ROLLE

mit Hack und Salat

Fertig in ca. 30 Minuten

Pro Portion ca. 390 kcal, 42 g E, 24 g F, 10 g KH

Für 4 Portionen

Für den Teig:

1 El Sesamsamen
100 g Gouda
350 g Magerquark
4 Eier (L)
1 Tl Salz

Für den Belag:

1 El Öl
300 g mageres Rinderhackfleisch
Salz
Pfeffer
½ Eisbergsalat
4 kleine Tomaten
4 Gewürzgurken
1 kleine Zwiebel
30 g leichte Salatcreme (25 % Fett)
60 g Joghurt
2 El Ketchup
1 Tl Senf

1. Für den Teig den Backofen auf 180 °C Ober-/Unterhitze vorheizen. Ein Backblech mit Backpapier auslegen und mit Sesam bestreuen. Den Käse grob raspeln. Mit Quark, Eiern und Salz in eine Schüssel geben und mit einem Schneebesen verquirlen. Die Masse auf das Blech geben und mit einem Löffel zu einem ca. 30 x 20 cm großen Rechteck ausstreichen. Im heißen Ofen ca. 20 Minuten auf der mittleren Schiene backen.

2. Inzwischen für den Belag das Öl in einer Pfanne erhitzen und das Hack darin bei hoher Hitze unter Wenden krümelig anbraten. Mit ½ Tl Salz und etwas Pfeffer würzen, vom Herd nehmen. Den Salat waschen, trocken schütteln und in schmale Streifen schneiden. Die Tomaten waschen, trocken reiben und in Scheiben schneiden. Die Gewürzgurken abtropfen lassen und ebenfalls in Scheiben schneiden. Die Zwiebel schälen und in feine Ringe schneiden oder hobeln.

3. Für die Sauce Salatcreme, Joghurt, Ketchup und Senf glatt rühren und mit Salz und Pfeffer abschmecken. Den Teigboden aus dem Ofen nehmen und kurz abkühlen lassen. Mit etwa der Hälfte der Sauce bestreichen. Das Hack darauf verteilen, dabei rundherum etwas Rand frei lassen. Salat, Tomaten, Gurken und Zwiebeln auf dem Hack verteilen. Die restliche Sauce darüberklecksen. Den Boden von der langen Seite her mit Hilfe des Backpapiers aufrollen. Die Rolle in vier Stücke schneiden und servieren.

» Ich persönlich liebe ja Koriander – meine Tochter leider nicht. „Iiiih, das Grüne schmeckt wie Seife, Mama!“ Ich zweig daher immer eine Portion für sie ab, bevor ich „die Seife“ untermische. «

Wie hat's geschmeckt? ☆ ☆ ☆ ☆

AVOCADO-BOHNEN-SALAT

mit Feta

Fertig in ca. 15 Minuten

Pro Portion ca. 350 kcal, 16 g E, 24 g F, 16 g KH

Für 4 Portionen

2 große, reife Avocados (450 g)

400 g Tomaten

1 Dose Kidneybohnen (240 g Abtropfgewicht)

½ kleines Bund Koriander

1 Knoblauchzehe

200 g Feta

Saft von 1 Limette

1 Tl getrockneter Oregano

⅓ Tl Salz

1 Prise Chilipulver nach Belieben

1. Die Avocados halbieren, entsteinen, mit einem großen Löffel das Fleisch auslösen und in Stücke schneiden. Die Tomaten waschen, Stielansatz entfernen und Tomaten klein würfeln. Bohnen in ein Sieb abgießen, abspülen und abtropfen lassen. Koriander waschen, trocken schütteln, Blättchen abzupfen und fein hacken. Knoblauch schälen und durch eine Presse drücken. Feta aus der Packung nehmen, abtropfen lassen und zerbröseln.

2. Avocados mit den Tomaten und den Bohnen in einer Schüssel vermengen. Aus dem Limettensaft, 1 El Wasser, Oregano, Knoblauch und Salz ein Dressing anrühren. Nach Belieben mit Chili abschmecken. Das Dressing mit dem Salat vermengen, Feta und Koriander unterziehen und sofort servieren.

Avocados haben es in sich! Mit einem Anteil von rund 24 g Fett pro 100 g übertrifft die Avocado in dieser Hinsicht alle anderen Früchte. Deshalb wird sie auch Butter des Baumes genannt. Streich sie doch mal auf dein Low-Carb-Brot. Avocado bringt vor allem gute Fette, aber auch Kalium und Vitamin E mit. Aber besser nicht zu oft benutzen, denn sie braucht viel Wasser im Anbau und kommt von weit her.

Wie hat's geschmeckt? ☆ ☆ ☆ ☆

PIZZA-SUPPE
mit Hackfleisch

Fertig in ca. 30 Minuten

Pro Portion ca. 375 kcal, 29 g E, 24 g F, 12 g KH

Für 4 Portionen

1 kleine Stange Lauch
2 Möhren (ca. 200 g)
200 g Knollensellerie
1 El Olivenöl
400 g mageres Rinderhackfleisch
½ Tl Salz
5 Prisen Pfeffer
1 Tl Paprikapulver edelsüß
1 Tl getrockneter Oregano
1 El Tomatenmark
1 Dose stückige Tomaten (400 g)
600 ml Gemüsebrühe
50 g Parmesan

1. Den Lauch putzen, waschen, der Länge nach halbieren und in feine Ringe schneiden. Die Möhren und den Sellerie putzen, schälen und sehr fein würfeln.

2. Das Öl in einem großen Topf erhitzen. Das Hack darin bei hoher Hitze unter Wenden krümelig anbraten. Das Gemüse zugeben und weitere 2–3 Minuten anbraten. Mit Salz, Pfeffer, Paprikapulver und Oregano würzen. Tomatenmark einrühren und kurz anschwitzen. Tomaten und Brühe zugießen, aufkochen und alles ca. 15 Minuten köcheln lassen. Dabei gelegentlich umrühren.

3. Inzwischen den Parmesan fein reiben. Die Suppe mit Salz und Pfeffer abschmecken und mit Parmesan bestreut servieren.

Mach's dir leichter!

Die Suppe ist auch eine prima Nudelsauce! Koch einfach direkt etwas mehr und frier sie ein – dann hast du immer ein Blitzgericht für deine Lieben in der Hinterhand, wenn du mal ein Low-Carb-Gericht essen möchtest, bei dem deine Familie streikt.

Wie hat's geschmeckt? ☆ ☆ ☆ ☆

BALKAN-WRAPS

mit Ajvar und Feta

Fertig in ca. 25 Minuten

Pro Low-Carb-Portion (2 Salat-Wraps)
ca. 220 kcal, 18 g E, 12 g F, 12 g KH

Pro Familien-Portion (2 Taco-Wraps)
ca. 344 kcal, 19 g E, 19 g F, 26 g KH

Für 4 Portionen

100 g feine Sojaschnetzel
1 rote Paprikaschote (180 g)
8 große Blätter Kopfsalat
1 Frühlingszwiebel
1 El Rapsöl
5 Tl Ajvar
½ Tl Salz
150 g Feta
6 Tacoshells

1. Die Sojaschnetzel in eine Schale geben, mit kochendem Wasser bedecken und 15 Minuten quellen lassen, anschließend ausdrücken. Paprika waschen, halbieren, entkernen und in feine Streifen schneiden. Den Kopfsalat vorsichtig waschen und trocken schütteln oder tupfen, 2 Blätter beiseitelegen, den Rest in feine Streifen schneiden. Frühlingszwiebel waschen, putzen und in feine Ringe schneiden.

Die Familie freut sich über Tacos

2. Öl in einer beschichteten Pfanne erhitzen. Die Sojaschnetzel darin bei hoher Hitze 5 Minuten unter gelegentlichem Wenden ringsum anbraten. Die Frühlingszwiebel dazugeben und 1 weitere Minute braten, dann Ajvar und Salz untermengen und gründlich untermischen.

3. Die beiden Salatblätter mit einem Teil der Paprikastreifen und der Sojaschnetzel-Masse belegen (die Ränder dabei freilassen). 1/4 des Fetas in kleinen Stückchen darüberbröseln. Die Seitenränder der Salatblätter über die Masse schlagen, dann vom unteren Ende her aufrollen. Für den Rest der Familie die Tacoshells mit den restlichen Zutaten füllen.

Wie hat's geschmeckt? ☆ ☆ ☆ ☆

Mediterrane
OFENTOMATEN-SUPPE

Fertig in ca. 30 Minuten
Pro Portion ca. 314 kcal, 5 g E, 26 g F, 11 g KH

Für 4 Portionen
1,3 kg Tomaten
3 Knoblauchzehen
10 Stängel Thymian
6 El Olivenöl
200 g saure Sahne
Salz
Pfeffer

Statt saurer Sahne kannst du auch pflanzliche Sojakochcreme verwenden, sie hat noch weniger Kohlenhydrate.

1. Den Backofen auf 220 °C Ober-/Unterhitze vorheizen. Die Tomaten waschen, trocken reiben und putzen. Ein Backblech mit Backpapier auslegen und die Tomaten darauf verteilen. Den Knoblauch schälen und mit den Thymianstängeln auf das Blech geben. Das Olivenöl darüberträufeln und alles gründlich vermischen. Im vorgeheizten Ofen ca. 15 Minuten auf der mittleren Schiene backen.

2. Das Blech herausnehmen. Die Thymianblättchen von den Stängeln streifen. Zusammen mit Tomaten, Knoblauch, saurer Sahne und 50 ml Wasser in eine hohe Rührschüssel geben und alles zu einer cremigen Suppe pürieren. Mit Salz und Pfeffer abschmecken.

» Meine Familie isst gerne kräftiges Brot dazu. Wenn mich Gelüste packen, gönn ich mir mal ein Low-Carb-Brot. «

Wie hat's geschmeckt? ☆ ☆ ☆ ☆

PFANNENPIZZA
mit Salami

Fertig in ca. 30 Minuten

Pro Low-Carb-Portion ca. 356 kcal, 21 g E, 27 g F, 7 g KH

Pro Familien-Portion ca. 334 kcal, 14 g E, 16 g F, 34 g KH

Für 4 Portionen

60 g Zucchini

150 g geriebener Gouda

400 g Tomatenstücke aus der Dose

4 Tl Pizzagewürz (alternativ getrocknete italienische Kräuter)

40 g Salami in kleinen, dünnen Scheiben

100 g Mais (aus der Dose)

3 Tortilla-Wraps (20 cm Durchmesser)

1. Für deine Low-Carb-Pizza Zucchini waschen, Enden abschneiden und Zucchini auf einer Gemüsereibe fein raspeln. Mit 60 g geriebenem Gouda in einer Schale gründlich vermengen.

2. Eine Pfanne bei voller Hitze auf dem Herd erwärmen, dann die Hitze auf mittlere Stufe reduzieren. Ein Backpapier auf die Pfannengröße zuschneiden, hineinlegen, die Zucchini-Käse-Masse gleichmäßig darauf verteilen und fest andrücken. Den Boden 10 Minuten backen.

3. Den Boden mit 100 g Tomatenstücken bestreichen, 1 Tl Pizzagewürz darübergeben, mit 10 g Salami und 3–4 Tl Mais belegen, mit 15 g Gouda bestreuen und die Pizza bei geschlossenem Deckel 5–8 Minuten backen.

4. Parallel in einer zweiten Pfanne nacheinander die Wrap-Pizzen ausbacken. Dazu den Tortilla-Wrap hineinlegen, jeweils mit ⅓ der restlichen Tomatenstücke bestreichen, 1 Tl Pizzagewürz darübergeben und mit je ⅓ Salami, Mais und Käse belegen. Bei geschlossenem Deckel 5–8 Minuten backen. Auf die gleiche Weise die restlichen beiden Wraps zubereiten.

Wie hat's geschmeckt? ☆ ☆ ☆ ☆

ASIA-GEMÜSEPFANNE
mit Tofustreifen

Fertig in ca. 40 Minuten (ggf. + Marinierzeit)
Pro Portion ca. 362 kcal, 19 g E, 22 g F, 20 g KH

Für 4 Portionen

1 Knoblauchzehe
300 g Tofu
10 El Sojasauce
600 g gerade, dicke Möhren
3 El Rapsöl
600 g ungewürztes Asia-Gemüse (TK)
1 Tl Honig
1 gestrichener Tl Salz
Saft von 2 großen Limetten
2 El geröstetes Sesamöl

1. Knoblauch schälen und durch eine Presse drücken oder fein hacken. Tofu in feine Stifte schneiden, mit Knoblauch und 6 El Sojasauce in eine Schüssel geben und alles gründlich vermischen und durchziehen lassen.

2. Die Möhren schälen, Enden abschneiden und mit einem Spiralschneider in Spaghetti schneiden (siehe Tipp). 2 El Rapsöl in einer beschichteten, großen und tiefen Pfanne erhitzen. Den Tofu darin scharf anbraten, dann bei mittlerer Hitze 8–10 Minuten knusprig anbraten. Aus der Pfanne nehmen und beiseitestellen.

3. Das restliche Öl in die Pfanne geben und das Asia-Gemüse darin 5 Minuten anbraten. Restliche Sojasauce, Honig, Salz und Limettensaft zugeben und alles zügig vermischen. Die Möhrennudeln dazugeben und einmal durchschwenken. Das Sesamöl drüber geben und das Gemüse mit dem Tofu bestreut servieren.

Tofu an sich ist recht geschmacksneutral, er lässt sich aber wunderbar marinieren. Je länger du ihn in der Marinade durchziehen lässt, je mehr Geschmack bekommt er!

Spiralize it

Beim Spiralisieren der Möhren bekommst du ein Gratis-Armworkout dazu! Am einfachsten geht´s mit einem Spiralschneider. Es geht auch ohne, macht aber mehr Arbeit: Für breite Bandnudeln das Gemüse mit einem Sparschäler in breite Streifen schneiden – für Spaghetti diese mit einem Messer in dünne Streifen schneiden.

Perfekter Snack für zwischendurch

Wie hat's geschmeckt? ☆ ☆ ☆ ☆

MINI-OMELETTES
aus der Muffinform

Fertig in ca. 25 Minuten

Pro Stück ca. 115 kcal, 8 g E, 8 g F, 2 g KH

Für 6 Stück

2 Frühlingszwiebeln
1 rote Spitzpaprika
1 Tl Rapsöl
25 g magere Schinkenspeckwürfel
4 Eier
50 ml Milch
Salz
Pfeffer
Muskat
25 g geriebener Emmentaler
Öl für die Muffinform

1. Die Frühlingszwiebeln putzen, waschen und in feine Ringe schneiden. Die Paprika putzen, waschen und in sehr kleine Würfel schneiden. Das Öl in einer beschichteten Pfanne erhitzen, Schinkenspeckwürfel, Frühlingszwiebeln und Paprika darin bei mittlerer Hitze unter Wenden 3 Minuten anbraten. Aus der Pfanne nehmen.

2. Den Backofen auf 200 °C Ober-/Unterhitze vorheizen. Die Eier mit der Milch, ¾ Tl Salz, etwas Pfeffer und Muskat in eine Schüssel geben und mit dem Schneebesen verquirlen.

3. 6 Mulden eines Muffinblechs am Boden und am Rand mit Öl auspinseln. Die Paprika-Mischung auf die 6 Mulden verteilen. Die Eimasse gleichmäßig darauf verteilen, die Mulden sollten jeweils zu ca. ¾ gefüllt sein. Zum Schluss den Emmentaler darübergeben.

4. Die Muffin-Omelettes auf der mittleren Schiene 12–15 Minuten goldbraun backen. Aus dem Ofen nehmen und in der Form auf einem Kuchengitter etwas abkühlen lassen. Die Muffin-Omelettes mit einem Messer vom Rand der Form lösen und mit einem Esslöffel aus den Mulden heben. Schmecken warm und kalt.

Mach's dir leichter!

Es lohnt sich, gleich mehr Omelettes zu machen. Sie halten sich im Kühlschrank bis zu drei Tagen, eingefroren sogar ca. drei Monate. Fürs Frühstück oder Mittagessen am nächsten Tag einfach am Vorabend aus dem Tiefkühler nehmen und im Kühlschrank auftauen lassen.

Wie hat's geschmeckt? ☆ ☆ ☆ ☆

SALAT-SPIESSE
mit Kichererbsendip

Fertig in ca. 15 Minuten

Pro Portion (2 Stück) ca. 120 kcal, 5 g E, 8 g F, 8 g KH

Für 4 Portionen

- 100 g gegarte Kichererbsen (aus der Dose)
- 2 El Olivenöl
- 2 El helles Tahin (Sesammus)
- 2 El Zitronensaft
- 50 g Joghurt
- Salz
- Pfeffer
- 1 kleiner Kopf Blattsalat (z. B. Kopfsalat, Eisbergsalat oder Lollo Rosso)
- 200 g Kirschtomaten
- ¼ Salatgurke
- ca. 8 Holzspieße

Kichererbsen aus der Dose sind bereits vorgegart, sehr praktisch! Du kannst aber auch getrocknete Kichererbsen nehmen – diese müssen aber vorher eingeweicht und weich gegart werden.

1. Für den Dip die Kichererbsen mit Öl, Tahin, Zitronensaft und 1–2 El Wasser in einen hohen Rührbecher geben und mit dem Mixstab cremig pürieren. Joghurt mit einem Löffel unterrühren. Mit Salz und Pfeffer abschmecken.

2. Für die Spieße den Salat putzen, waschen und in mundgerechte Stücke zupfen. Die Kirschtomaten waschen und trocken reiben. Die Gurke waschen, putzen und in Stücke schneiden. Salat, Tomaten und Gurkenstücke im Wechsel auf Holzspieße stecken. Die Spieße mit dem Dip servieren.

Perfekter Snack für zwischendurch

Wie hat's geschmeckt? ☆ ☆ ☆ ☆

MELONENSALAT
mit Gurke und Feta

Fertig in ca. 25 Minuten

Pro Portion ca. 302 kcal, 11 g E, 23 g F, 10 g KH

Für 4 Portionen

2 rote Zwiebeln
1 Knoblauchzehe
4 El mildes Olivenöl
200 g kernlose Wassermelone
2 Salatgurken
200 g Feta
4 Stängel Oregano
Salz
Pfeffer

1. Die Zwiebeln und den Knoblauch schälen, Zwiebeln in feine Ringe, Knoblauch in feine Scheiben schneiden. Das Öl in einer beschichteten Pfanne erhitzen und Zwiebeln und Knoblauch darin anbraten, bis beide Farbe angenommen haben. Dann etwas abkühlen lassen.

2. Die Schale der Wassermelone entfernen und das Fruchtfleisch etwa 1 cm groß würfeln. Die Gurken waschen, putzen und ebenfalls in 1 cm große Würfel schneiden. Den Feta abtropfen lassen und ebenfalls 1 cm groß würfeln. Den Oregano waschen, die Blättchen abzupfen und fein hacken.

3. Melonen-, Gurken- und Fetawürfel in einer Schüssel vorsichtig mit der Zwiebel-Knoblauchmasse vermischen, salzen und pfeffern. Mit Oregano bestreut servieren.

» Den Salat machen wir auch gerne zum Grillen. Für alle Nicht-Low-Carbler gibt es geröstetes Knoblauchbrot dazu. Auch ein Nudelsalat wird ratzfatz daraus: 200 g Nudeln kochen, untermischen, fertig! Meine Low-Carb-Portion nehme ich vorher raus. «

Wie hat's geschmeckt? ☆ ☆ ☆ ☆

PIZZA-OMELETTE

mit Salami

Fertig in ca. 50 Minuten

Pro Portion ca. 320 kcal, 18 g E, 24 g F, 3 g KH

Für 4 Portionen

40 g Babyspinat
150 g Tomaten
5 Eier (L)
100 ml ungesüßter Sojadrink
Salz
Pfeffer
2 El Rapsöl
4 Tl grünes Pesto
40 g Salami in Scheiben
75 g geriebener Käse (z. B. Gouda oder Emmentaler)

Du kannst ersatzweise auch Milch nehmen. Die hat etwas mehr Kohlenhydrate. Macht aber nichts.

1. Den Spinat waschen, trocken schütteln und in Streifen schneiden. Die Tomaten waschen und in Scheiben schneiden.

2. Die Eier in einen hohen Rührbecher aufschlagen, mit dem Sojadrink verquirlen, salzen und pfeffern. 1 El Rapsöl in einer beschichteten Pfanne erhitzen. Die Hälfte der verquirlten Eimasse hineingleiten lassen und bei mittlerer Hitze und geschlossenem Deckel 10 Minuten stocken lassen.

3. Das Ei mit 2 Tl Pesto bestreichen, mit der Hälfte der Tomaten- und Salamischeiben belegen und mit der Hälfte des Käses bestreuen. Den Deckel wieder schließen und weitere 10 Minuten stocken lassen. Mit der Hälfte des Spinats bestreut servieren. Mit den restlichen Zutaten ebenso verfahren.

» Das können wir morgens, mittags und abends essen. Allerdings muss ich schnell sein, sonst bleibt für mich nichts mehr übrig. «

» Wenn ich total gestresst bin, bringt mich dieser Seelentröster wieder etwas runter. Auch als Dessert ist er super. «

Wie hat's geschmeckt? ☆ ☆ ☆ ☆

Fruchtiger HÜTTENKÄSE

Fertig in ca. 10 Minuten

Pro Portion ca. 220 kcal, 16 g E, 8 g F, 18 g KH

Für 4 Portionen

400 g Hüttenkäse
150 g Vanillequark
1 Mango (ca. 350 g)
2 Tl Zitronensaft
4 Tl Kokoschips ohne Zuckerzusatz

1. Den Hüttenkäse gründlich mit dem Vanillequark verrühren. Die Mango schälen und den Stein entfernen. Die Hälfte des Fruchtfleischs in kleine Würfel schneiden. Das übrige Fruchtfleisch mit dem Zitronensaft pürieren, dann die Mangowürfel untermischen.

2. Die Kokoschips in einer Pfanne ohne Fett bei mittlerer Hitze leicht anrösten, sofort herausnehmen.

3. Hüttenkäse-Mischung und Mangosauce im Wechsel in Gläser schichten. Mit Mangosauce abschließen. Mit den Kokoschips bestreut servieren.

Schau nach einem Vanillequark mit möglichst wenig Zucker – der Zuckergehalt ist nämlich bei den verschiedenen Produkten sehr unterschiedlich. Oder mach ihn dir schnell selbst: Einfach Quark mit 2–3 Msp. gemahlener Bourbon-Vanille mischen.

Wie hat's geschmeckt? ☆ ☆ ☆ ☆

OFEN-GARNELEN
mit buntem Gemüse

Fertig in ca. 35 Minuten

Pro Portion ca. 377 kcal, 43 g E, 17 g F, 10 g KH

Für 4 Portionen

800 g küchenfertige Garnelen
400 g Brokkoli
Salz
3 Paprikaschoten
1 rote Zwiebel
1 unbehandelte Limette
3 El Kokosöl
2 Tl gemahlener Kreuzkümmel
2 Tl mildes Currypulver
125 g Sour Cream

Garnelen sind perfekte Low-Carb-Kandidaten: kaum Kohlenhydrate und Fett, viel gutes Eiweiß!

1. Die Garnelen waschen und trocken tupfen. Brokkoli waschen und in Röschen teilen. Die Röschen in einem Topf mit wenig Salzwasser 2–3 Minuten blanchieren, anschließend abschrecken und abtropfen lassen.

2. Den Backofen auf 220 °C Ober-/Unterhitze vorheizen. Ein Backblech mit Backpapier auslegen. Die Garnelen und den Brokkoli darauf verteilen. Die Paprika waschen, putzen, in feine Streifen schneiden und ebenfalls auf dem Blech verteilen. Die Zwiebel schälen, in feine Ringe schneiden und zu den Garnelen geben.

3. Die Limette heiß abspülen, die Schale abreiben und den Saft auspressen. Das Kokosöl in einem Topf auf dem Herd erwärmen, Limettensaft und -schale, 1 Prise Salz, Kreuzkümmel und Curry hinzufügen, alles miteinander vermischen, dann über die Garnelen und das Gemüse geben. Alles gründlich miteinander vermischen. Im Ofen 10–15 Minuten auf der mittleren Schiene backen. Mit Sour Cream servieren.

WÜRSTCHEN-SALAT
mit Gurke und Radieschen

Fertig in ca. 15 Minuten

Pro Portion ca. 350 kcal, 15 g E, 30 g F, 4 g KH

Für 4 Portionen

25 g Mayonnaise
100 g Joghurt
4 Prisen Pfeffer
400 g Wiener Würstchen
1 Salatgurke (300 g)
250 g Radieschen
1 Bund Schnittlauch (15 g)

1. Die Mayonnaise und den Joghurt mit dem Pfeffer in einer Schüssel gründlich verrühren. Die Würstchen schräg in sehr dünne Scheiben schneiden. Gurke und Radieschen waschen und putzen. Die Gurke längs halbieren, entkernen und in feine Scheiben schneiden. Die Radieschen in feine Stifte schneiden. Den Schnittlauch waschen, trocken schütteln und in feine Ringe schneiden.

2. Würstchen, Gurke, Radieschen und Schnittlauch zum Joghurt in die Schüssel geben, vermischen und sofort servieren.

» „Was haltet ihr von Würstchen-Salat mit Radieschen und Gurke?" „Jaaaa, mit ganz viel Wurst und ganz wenig Gemüse!" «

Perfekter Snack für zwischendurch

Wie hat's geschmeckt? ☆ ☆ ☆ ☆

HACKBÄLLCHEN
mit Tzatziki

Fertig in ca. 35 Minuten

Pro Portion (2 Bällchen) ca. 256 kcal, 14 g E, 16 g F, 12 g KH

Für 4 Portionen

Für die Hackbällchen:

1 kleine Zwiebel (75 g)
2 El Olivenöl
250 g gemischtes Hackfleisch
50 g Semmelbrösel
½ Tl gemahlener Kreuzkümmel
½ Tl getrockneter Thymian
½ Tl Salz
2 Prisen schwarzer Pfeffer

Für das Tzatziki:

½ kleine Gurke
100 g Naturjoghurt
1 kleine Knoblauchzehe
Salz
Pfeffer

1. Den Backofen auf 180 °C Ober-/Unterhitze vorheizen. Ein Backblech mit Backpapier auslegen. Die Zwiebel schälen und fein würfeln. Das Olivenöl in einer Pfanne erhitzen und die Zwiebelwürfel darin 1 Minute bei mittlerer Hitze glasig dünsten, dann auskühlen lassen.

2. Hackfleisch, Semmelbrösel, Kreuzkümmel, Thymian, Salz und Pfeffer in eine Schüssel geben, die Zwiebel dazugeben und alles zu einer homogenen Masse verkneten. Aus der Masse 8 tischtennisballgroße Kugeln formen, auf dem Backblech verteilen und im vorgeheizten Ofen auf der mittleren Schiene ca. 15 Minuten backen.

3. Inzwischen für das Tzatziki die Gurke waschen, entkernen und auf einer Gemüsereibe fein raspeln. Zusammen mit dem Joghurt in eine Schüssel geben. Den Knoblauch schälen und durch eine Knoblauchpresse dazu drücken. Alles gut vermischen und mit Salz und Pfeffer abschmecken. Die Hackbällchen mit dem Tzatziki servieren.

» „Mama, wenn ich Geburtstag habe, wünsche ich mir acht Hackbällchen ganz für mich alleine." „Aber dann wird dir bestimmt schlecht." „Ok, dann sieben!" «

Wie hat's geschmeckt? ☆ ☆ ☆ ☆

Alkoholfreier HIMBEER-SLUSH

Fertig in ca. 5 Minuten
Pro Portion ca. 60 kcal, 1 g E, 0 g F, 13 g KH

Für 2 Portionen

150 g Himbeeren (TK)
Saft von 1 Zitrone
10 g Xylit (Zuckeraustauschstoff)
2 Handvoll Crushed Ice
kaltes Sodawasser

Die gefrorenen Himbeeren zusammen mit dem Zitronensaft und dem Xylit in einen Mixer geben und rasch pürieren. Crushed Ice auf zwei Gläser verteilen, die Himbeermasse darübergeben und mit Sodawasser aufgießen, bis es schön cremig ist.

» Ich bin eigentlich kein Fan von Zuckeraustauschstoffen und setze eher auf Zuckerreduktion statt Zuckerersatz. Es gibt aber diese netten Abende, mit dem Partner oder mit Freunden, an denen alle etwas Schönes im Glas haben und ich gucke in die Röhre. Für diese Ausnahmefälle ist Xylit eine super Sache. «

Wie hat's geschmeckt? ☆ ☆ ☆ ☆

HEIDELBEER-LASSI

mit Rosenwasser

Fertig in ca. 5 Minuten

Pro Portion ca. 120 kcal,
5 g E, 6 g F, 10 g KH

Fü 1 Portion

50 g Heidelbeeren (frisch oder TK)
150 g Naturjoghurt
50 ml Wasser
2–3 Prisen gemahlener Kardamom
3 Tropfen Rosenwasser

Die Heidelbeeren ggf. waschen. Mit Naturjoghurt, Wasser, Kardamom und Rosenwasser in einen hohen Rührbecher geben und mit dem Mixstab cremig pürieren.

Wenn du kein Rosenwasser bekommst, lass es einfach weg – der Lassi schmeckt auch ohne wunderbar.

Super erfrischend

Der erfrischende Lassi ist ein toller Snack, vor allem an heißen Sommertagen. Du kannst ihn auch als Dessert genießen, nur als dauerhafter Durstlöscher ist er nicht geeignet.

Wie hat's geschmeckt? ☆ ☆ ☆ ☆

LATTE MACCHIATO
mit Sojamilch

Fertig in ca. 5 Minuten
Pro Portion ca. 81 kcal, 9 g E, 2 g F, 7 g KH

Für 1 Portion

250 ml Sojamilch
1 Tl Ahornsirup (alternativ Honig)
1 Portion Espresso

Die Sojamilch erwärmen und nach Belieben aufschäumen. Ahornsirup sowie Espresso zugeben und servieren.

» Während in 250 ml Kuhmilch 12 g KH stecken, enthält Sojamilch nur schlanke 3 g. Deswegen kannst du dir sogar einen Schuss Süße, z. B. mit karamelligem Ahornsirup oder heimischem Honig, gönnen. Wenn du nicht so ein Milchkaffee-Junkie bist wie ich, kannst du natürlich auch bei deinem normalen Latte Macchiato bleiben. «

Wie hat's geschmeckt? ☆ ☆ ☆ ☆

LOW-CARB-MOJITO

mit Rum

Fertig in ca. 5 Minuten

Pro Portion ca. 96 kcal, 0 g E, 0 g F, 16 g KH

Für 2 Portionen

2 Zweige Minze
2 unbehandelte Limetten
30 g Xylit (Zuckeraustauschstoff)
3 Handvoll Crushed Ice
40 cl Rum
kaltes Sodawasser

Die Minze waschen und auf zwei Gläser verteilen. Die Limetten heiß abspülen, vierteln, auf zwei Gläser verteilen und mit einem Stößel andrücken. Xylit und Crushed Ice auf die Gläser verteilen, den Rum darübergeben und mit Sodawasser aufgießen.

» Der Mojito ist zwar mit Xylit gesüßt, aber der Rum hat es in sich. Daher empfehle ich dir bei einem Glas zu bleiben. Das ist auch für den nächsten Morgen eine gute Entscheidung … «

BEISPIEL-ESSENSPLAN

für 14 Tage

	FRÜHSTÜCK	
Montag	Frühstücksmuffins	▶ S. 25
Dienstag	Beeren-Quark-Shake	▶ S. 38
Mittwoch	Chia-Quark	▶ S. 23
Donnerstag	Frühstücksmuffins	▶ S. 25
Freitag	Low-Carb-Müsli	▶ S. 35
Samstag	Griechisches Omelette	▶ S. 20
Sonntag	Nuss-Toasties	▶ S. 37
Montag	Frühstücks-Couscous	▶ S. 31
Dienstag	Krabben-Rührei	▶ S. 26
Mittwoch	Nuss-Toasties	▶ S. 37
Donnerstag	Low-Carb-Müsli	▶ S. 35
Freitag	Frühstücksmuffins	▶ S. 25
Samstag	Tofu-Rührei	▶ S. 32
Sonntag	Sattmacher-Frühstück	▶ S. 29

Mittag- und Abendessen kannst du problemlos tauschen!

MITTAGESSEN		ABENDESSEN	
Lasagne	▶ S. 79	Balkan-Wraps	▶ S. 112
Ceasar's Salad	▶ S. 85	Knusperlachs	▶ S. 104
Fischfrikadellen	▶ S. 49	Asia-Gemüsepfanne	▶ S. 119
Käse-Lauch-Suppe	▶ S. 91	Hamburger-Rolle	▶ S. 107
Hähnchenschenkel	▶ S. 44	Pizza-Omelette	▶ S. 127
Hackbällchen mit Zoodles	▶ S. 54	Pizza-Suppe	▶ S. 111
Parmesanschnitzel	▶ S. 71	Nuss-Toasties mit Belag	▶ S. 37
Thai-Pfannengemüse	▶ S. 66	Balkan-Wraps	▶ S. 112
Überbackene Gemüse-Pfanne	▶ S. 89	Avocado-Bohnen-Salat	▶ S. 109
Minestrone	▶ S. 60	Pfannenpizza	▶ S. 116
Bohnenpfanne	▶ S. 72	Würstchen-Salat	▶ S. 133
Döner	▶ S. 80	Nuss-Toasties mit Belag	▶ S. 37
Balkan-Burger	▶ S. 56	Cremige Tomatensuppe	▶ S. 102
Sellerieröstі	▶ S. 43	Ofentomaten-Suppe	▶ S. 114

REZEPTVERZEICHNIS

A

Asia-Gemüsepfanne mit Tofustreifen 119
Asia-Lachs mit buntem Gemüse 74
Avocado-Bohnen-Salat mit Feta 109

B

Balkan-Burger mit Feta-Creme und Paprika 56
Balkan-Wraps mit Ajvar und Feta 112
Beeren-Quark-Shake mit Erdnussmus 38
Blumenkohlpie mit Hackfüllung 82
Bohnenpfanne mit Zucchini, Tomaten und Feta 72
Brokkoli-Auflauf mit Schinken und Pinienkernen 63

C

Ceasar´s Salad mit Hähnchenbrust 85
Chia-Quark mit Kokos und Erdbeeren 23
Chicken-Nuggets mit Gemüse-Fritten 64

D

Döner mit Putengeschnetzeltem 80
Drumsticks mit Möhren und Lauch 87

F

Fischfrikadellen mit falschem Kartoffelsalat 49
Frühstücks-Couscous mit Pfirsich 31
Frühstücksmuffins, herzhafte 25

G

Gemüse-Pfanne, überbackene 89
Gurken-Sushi mit Räucherlachs 101

H

Hackbällchen mit Tzatziki 135
Hackbällchen mit Zoodles 54
Hähnchen-Curry mit Blumenkohlreis 46
Hähnchen-Saté mit Möhrensalat 77
Hähnchenschenkel mit Kroketten und Tomatensalat 44
Hamburger-Rolle mit Hack und Salat 107
Heidelbeer-Lassi mit Rosenwasser 137
Himbeer-Slush, alkoholfreier 136
Hüttenkäse, fruchtiger 129

K

Käse-Cracker mit Tomatendip 98
Käse-Lauch-Suppe, deftige 91
Knusperlachs mit falschen Bratkartoffeln 104
Kohlrabi-Kartoffelgratin mit Speck 69
Krabben-Rührei mit Dill 26

L

Lasagne 2 in 1 79
Latte Macchiato mit Sojamilch 138
Low-Carb-Mojito mit Rum 139
Low-Carb-Müsli mit Mango-Joghurt 35

M

Melonensalat mit Gurke und Feta 125
Minestrone, kunterbunte 60
Mini-Omelettes aus der Muffinform 121

N

Nuss-Toasties mit Samen 37

O

Ofen-Garnelen mit buntem Gemüse 130
Ofen-Hähnchen mit Tomaten und Rucola 95
Ofentomaten-Suppe, mediterrane 114
Omelette mit Feta und Oliven, griechisches 20

P

Paprika-Tomaten-Auflauf, mediterraner 51
Parmesanschnitzel mit Kartoffel-Möhren-Pommes 71
Pfannenpizza mit Salami 116
Pizza-Omelette mit Salami 127
Pizza-Suppe mit Hackfleisch 111

R

Riesen-Fischstäbchen mit Selleriepüree und Ofenkürbis 53

S

Salat-Spieße mit Kichererbsendip 122
Sattmacher-Frühstück very british 29
Sellerierösti mit Kräuter-Dip 43

T

Tex-Mex-Salat-Tacos 59
Thai-Pfannengemüse mit Erdnuss und Tofu 66
Tofu-Rührei mit Paprika 32
Tomatensuppe, cremige 102

W

Würstchen mit Gemüse vom Blech 92
Würstchen-Salat mit Gurke und Radieschen 133

HINWEISE ZUM BUCH

Über die Autorin

Sarah Schocke studierte Ökotrophologie und arbeitete mehrere Jahre als Redakteurin für einen führenden deutschen Ratgeberverlag im Bereich gesunde Ernährung. Heute schreibt und kocht die zweifache Mutter als freie Fachjournalistin und Autorin zu den Themen gesunde Ernährung und Genussküche mit besonderem Fokus auf vegetarischer und Familienküche.

Wichtiger Hinweis

Alle Angaben, Ratschläge und Tipps in diesem Buch wurden nach dem aktuellen Wissensstand sorgfältig erarbeitet. Dennoch erfolgen alle Angaben ohne Gewähr. Verlag und Autorin haften nicht für eventuelle Nachteile und Schäden, die aus den im Buch gemachten praktischen Hinweisen resultieren. Die in diesem Buch enthaltenen Ratschläge ersetzen nicht die Untersuchung und Betreuung durch einen Arzt.

Abkürzungen

°C = Grad Celsius
cm = Zentimeter
E = Eiweiß
El = Esslöffel
F = Fett
FP = Fertigprodukt
g = Gramm
kcal = Kilokalorien
kg = Kilogramm
KH = Kohlenhydrate
l = Liter
ml = Milliliter
Msp. = Messerspitze
TK = Tiefkühlprodukt
Tl = Teelöffel

Bild- und Textnachweis

Rezeptfotos: TLC Fotostudio

Sonstige Fotos: Studio Klaus Arras (S. 2/3); Melanie Vetter (S. 4); © juliamikhaylova – stock.adobe.com (S. 12/13)

Illustrationen: © zaie – stock.adobe.com (Punkte); © zhaluldesign – stock.adobe.com (Waage und Uhr); © DiscoDancer – stock.adobe.com (Wischer groß); © babayuka – stock.adobe.com (Wischer klein); alle Übrigen: Designed by Freepik

Texte: Sarah Schocke